# LE SOLDAT AUGMENTÉ

Collection « Droit de la bioéthique »
*Collection fondée et dirigée par Gérard Teboul, professeur à l'université Paris-Est*

La collection « Droit de la bioéthique » concerne un droit de formation récente qui tient une place croissante dans l'univers juridique. Intéressant le droit international, le droit de l'Union européenne et le droit interne (public et privé), cette collection invite, par sa transversalité, à appréhender les sciences du vivant sous un regard axiologique. Nourries par des considérations éthiques, les analyses juridiques – qu'elle propose – importent à la société civile dans son ensemble et interrogent le devenir de l'espèce humaine. Se situant au carrefour d'enjeux multiples, la collection « Droit de la bioéthique » a vocation à contribuer au débat public.

Déjà parus

Alexandre COHEN, *La recherche médicale de défense*, 2023.
Fils ANGELESI BAYENGA, *Droit et risque prénatal de contamination par le VIH en Afrique subsaharienne*, 2021.

Constance FOUILLAND

# LE SOLDAT AUGMENTÉ

La performance face à l'éthique

*Préface du Général de brigade Gilles HABEREY*

*Avant-propos de Laurie MARGUET*

L'Harmattan

Ouvrage publié avec le concours
du centre de recherches
"Marchés, Institutions, Libertés" (MIL)
de l'université Paris XII (UFR Droit)


**5-7, rue de l'Ecole-Polytechnique, 75005 Paris**
**http://www.editions-harmattan.fr**
ISBN : 978-2-336-43401-8
EAN : 9782336434018

Je souhaite remercier **Madame Laurie MARGUET** pour la disponibilité et l'aide qu'elle a su m'apporter tout au long de la réalisation de mon travail.

Je souhaite remercier **le Général Gilles HABEREY** pour le temps qu'il sut me consacrer au cours d'un long entretien très enrichissant pour construire mon travail.

Je souhaite remercier **le Colonel Yann Le PAPE** pour sa disponibilité et son soutien, tout au long de la rédaction de mon mémoire.

Je souhaite également remercier, mon oncle, **le Général Rémi FOUILLAND** pour son aide précieuse.

Je souhaite adresser à **Monsieur Gérard de BOISBOISSEL**, ingénieur de recherche au Centre de recherche des écoles de Saint-Cyr Coëtquidan, idoine dans le domaine du « soldat augmenté », mes plus sincères remerciements pour le long entretien qu'il a bien voulu m'accorder.

Je souhaite, enfin, remercier **mon fiancé** qui sut m'encourager, m'aider et me soutenir tout au long de la réalisation de ce mémoire, et dont l'engagement au sein du métier des armes n'a fait qu'appuyer mon choix quant à la réalisation de ce mémoire de recherche.

# TABLE DES ABRÉVIATIONS

AMM : Autorisation de Mise sur le Marché

c/ : contre

CE : Conseil d'État

ch. : chambre

CEDH : Convention de sauvegarde des droits de l'homme et des libertés fondamentales

Cour EDH : Cour européenne des droits de l'homme

CISPAT : Cellule d'Intervention et de Soutien Psychologique de l'Armée de Terre

civ. : civile

CNMSS : Caisse Nationale Militaire de Sécurité Sociale

CREC : Centre de Recherche des Écoles de Saint-Cyr Coëtquidan

CSP : Code de la Santé Publique

DCSSA : Direction Centrale du Service de Santé des Armées

déc. : décision

DIH : Droit International Humanitaire

DrOID : Document de référence de l'Orientation, de l'Innovation de Défense

DUDH : Déclaration Universelle des Droits de l'Homme

ESPT : État de Stress Post-Traumatique

*et al.* : et les autres

*Ibid.* : *ibidem*

IRBA : Institut de Recherche Biomédicale des Armées

IRSEM : Institut de Recherche Stratégique de l'Ecole Militaire

MDMH : « Mon droit, Mon honneur »

*Op. cit.* : *opere citato*

OPEX : Opération Extérieure

OTAN : Organisation du Traité de l'Atlantique Nord

QPC : Question Prioritaire de Constitutionnalité

*Réf.* : référence à

TA : Tribunal Administratif

US : United State

**SOMMAIRE**

## Préface

Bras armé de la cité qui lui confie le recours, si nécessaire, à l'emploi de la violence légitime, le combattant est chargé par une autorité politique d'assurer la sécurité et de garantir la liberté de l'ensemble de ses concitoyens. En déclinaison de cette attente, la société concède un cadre juridique spécifique et des investissements en matière d'équipements à des hommes et femmes qui se sont portés volontaires pour remplir cette fonction à nulle autre pareille. En effet, les termes de ce « contrat social » entre la cité et ceux qui ont la charge de la protéger contre des menaces internes ou externes sont sans ambiguïté : seule la victoire, au pire le maintien d'une forme de statu quo ante, est attendue, fût-il au prix du sacrifice d'une partie de ces soldats. Mais, le prix de la guerre est toujours trop élevé et le succès, ainsi que nous l'apprend notre histoire, aléatoire. Pour se doter des meilleures chances de l'emporter, constante a été la volonté de disposer d'un soldat supérieurement sélectionné, entraîné, équipé, résistant et capable de créer les conditions de la victoire face à l'adversaire. Certains combattants sont devenus des références, voire des mythes, censés incarner cet outil sécuritaire absolu, du guerrier spartiate au légionnaire romain jusqu'à l'opérateur des forces spéciales d'aujourd'hui. Le soldat le plus efficace est celui qui dispose des armes les plus sophistiquées, de l'entraînement le plus adapté et exigeant et de la structure guerrière – doctrine, organisation, commandement, force morale – la plus performante.

L'appel à une efficience absolue s'inscrit aujourd'hui dans une double tendance quasi paradoxale : nos sociétés contemporaines, peu tolérantes et résilientes à la violence, n'admettent guère les pertes chez leurs militaires engagés en opération. Dans une forme de lecture aseptisée de la guerre, les combats doivent être rapides, toujours victorieux, sans coût humain. Or, en contradiction avec cette attente, les engagements opérationnels d'aujourd'hui sont toujours plus complexes : la bataille rangée « traditionnelle » de haute intensité avec un emploi massif des feux et des pertes particulièrement nombreuses côtoie l'exercice d'une violence asymétrique chaotique et éthiquement débridée frappant indifféremment civils et militaires.

Fort de ce paradoxe, les sciences médicales et technologiques semblent désormais ouvrir un champ d'amélioration de l'humain sans aucune limite organique ou physiologique.

L'amplification des performances physiques ou cognitives d'un être humain, voire la création de capacités nouvelles par une intervention médicale ou biologique, ne suscite plus guère de tabous chez les spectateurs de l'acte guerrier. Après tout, la fin ne justifie-t-elle pas les moyens ?

La question n'est pas nouvelle, ainsi que le rappelle Constance Fouilland : qu'il s'agisse des guerriers haschischin ou des combattants terrorisés luttant contre la peur par la consommation d'alcool ou de drogue, l'emploi de désinhibiteurs est une constante historique. Demain, l'être humain pourra être augmenté par la consolidation de certaines de ses fonctions, et des chercheurs se plaisent à imaginer l'implantation de systèmes oculaires à vision nocturne, de jambes et bras surpuissants. Dans toutes les armées, des médecins travaillent à l'élaboration de puissants inhibiteurs chimiques permettant aux combattants d'agir sans se reposer pendant plusieurs jours ni être perturbés par le chaos qui les environne.

Les travaux de recherche et d'analyse de Constance Fouilland permettent de dresser une liste particulièrement large et précise des axes d'étude en la matière. Mais, au-delà du seul aspect médico-technologique, et sans doute pour la première fois, cet ouvrage offre au lecteur une approche qui questionne également, au travers du phénomène d'augmentation, le rapport entre la société et ses soldats, qu'il s'agisse du statut, de la problématique du libre consentement à la transformation physique ou des implications éthiques et psychologiques d'un homme livré aux effets de ces processus extra-humains.

Dans une société déshabituée et rétive à toute forme de violence exacerbée, la course radicale à la performance comme seul axe de réflexion praxéologique doit nous interroger.

Les forces armées, plus que toute autre partie du corps social, ne font pas l'économie d'un travail sur ce sujet. Les recommandations du comité d'éthique sur le soldat augmenté, qui a rendu ses conclusions le 18 novembre 2018, rendent compte de cette tension entre les apports de technologies qui renforceraient l'efficacité et la combativité du soldat et le respect de l'intégrité morale et physique du citoyen en armes.

Les débats sur l'augmentation, comme beaucoup d'autres sujets tirés par les opportunités offertes par les avancées technologiques, ne peuvent s'exonérer d'une réflexion sur l'acteur essentiel, à savoir l'homme ou la femme qui décident de défendre la cité. Comme chef militaire, à l'occasion plongé au cœur de combats intenses, il me semble qu'il faille procéder avec beaucoup de discernement sur cette problématique. Certes la violence à laquelle est confronté le combattant lors des actions de feu est brutale, déstructurante et déshumanisante. Mais, le soldat doit impérativement conserver la pleine maîtrise de ses sens pour percevoir avec justesse une situation et la totale conscience de ses actes dans l'action. Sa lucidité est un facteur majeur de compréhension et d'efficacité.

N'oublions jamais que l'acte guerrier n'est pas anodin et que nous sommes, collectivement, responsables des hommes et femmes que nous avons chargés de notre défense : ils ne sont pas des mercenaires ou des robots, voire des super-héros augmentés dont nous abreuvent les superproductions cinématographiques américaines. Ils sont des citoyens qui engagent, en conscience, leur intégrité physique et psychologique pour nous permettre de vivre en paix à l'intérieur des murailles de la cité. Ils sont nos voisins, nos parents, nos fils et nos filles. Ils méritent la meilleure des préparations, les équipements les plus performants et, pour ceux qui ont été blessés dans leur corps ou leur âme, la plus adaptée des réparations : c'est sans doute dans cette direction, plus que toute autre, qu'il convient de réfléchir l'augmentation du soldat. N'oublions pas qu'après la guerre, le soldat doit pouvoir retrouver toute la place qui lui revient.

L'encadrement éthique n'est jamais une contrainte ou un frein à la performance dans l'action, mais bien une clé de compréhension majeure de la finalité de l'action. Charge à nous de réfléchir à replacer l'humain toujours à sa juste place, la première.

De toute évidence, l'ouvrage de Constance Fouilland contribue avec brio à avancer nos réflexions sur ce sujet, sans tabous ni certitudes. Qu'elle en soit remerciée.

Général Gilles Haberey

## Avant-Propos

Le mémoire de recherche de Constance Fouilland (réalisé dans le cadre de son Master 2 en droit de la santé – parcours droit de la bioéthique) propose une réflexion approfondie sur la problématique du soldat augmenté. En prenant toujours en compte les différentes remarques qui ont pu lui être faites, et en cherchant à comprendre au mieux le fonctionnement du corps militaire, en s'entretenant notamment avec des personnes appartenant à ce corps, le travail fourni par Constance Fouilland est un exemple de mémoire de recherche réussi : à la fois par les nombreuses recherches réalisées, par la précision avec laquelle il décrit son objet d'étude mais aussi par la problématique (complexe) qu'elle aborde, sous l'angle bien sûr juridique mais en prenant également en compte la réalité sociologique et politique dans lequel elle s'inscrit. C'est que Constance Fouilland entend montrer que l'augmentation du soldat n'est non seulement pas interdite en droit français mais plus encore que le droit commun ne protège pas les soldats contre les risques inhérents à ces augmentations ; et ce alors même que les injonctions à la performance (particulièrement présente au sein du corps militaire) les y exposent de manière accrue.

Procédant, comme cela est généralement le cas dans les travaux scientifiques juridiques, en deux temps, Constance Fouilland souligne, tout d'abord, la montée en puissance de cette augmentation. En ce qui concerne a minima les augmentations non invasives (telles que l'ingestion de certains psychotropes), nombre de produits sont en effet disponibles dans le « monde civil ». En « libre-service », ces augmentations sont ainsi accessibles aux soldats qui peuvent souhaiter sans saisir afin d'être plus performants sur le terrain. Mais qu'en est-il des soldats qui ne le souhaitent pas ? Peuvent-ils se permettre d'être moins performants ? Sous couvert de protections, ces augmentations (aujourd'hui non invasives mais qui seront peut-être demain d'un tout autre type) peuvent-elles être refusées, a fortiori lorsqu'elles sont présentées comme des « soins » ? Comme le montre Constance Fouilland, la protection en principe offerte par le « consentement » n'est pas, dans le cadre militaire, dénuée d'ambivalences. De manière plus générale, son mémoire

offre une réflexion stimulante sur les ambiguïtés de certains grands paradigmes du droit de la bioéthique, et notamment la médicalisation et le consentement. C'est qu'en effet, l'augmentation du soldat n'est envisageable, sous les auspices du droit français, que sous l'angle de la médicalisation dès lors que les atteintes à l'intégrité physique ne sont légales qu'à la double condition qu'elles répondent à une nécessité médicale et que leur destinataire y a consenti. Or, dans le cadre militaire, ces deux conditions n'offrent aucune protection suffisante aux soldats ; raison pour laquelle, comme l'explicite Constance Fouilland, le médecin militaire joue en la matière un rôle tout particulier : il se trouve dans une situation pour le moins difficile, son rôle étant à la fois de s'assurer de protéger autant que faire se peut le soldat, tout en s'assurant que les principes juridiques (et éthiques) du droit médical demeurent respectés. Constant Fouilland explicite, ensuite, la manière dont le droit français n'assure pas, face aux ambivalences de la médicalisation, de protection adéquate du soldat, ce dernier faisant (sommairement) primer la protection de la nation sur celle des soldats. Elle propose, de ce fait, une solution
simple : revenir aux principes fondamentaux du droit de la bioéthique (dignité mais surtout protection de l'intégrité physique) pour garantir aux soldats une protection effective contre des augmentations possiblement problématiques. Pour finir, elle note que c'est finalement, aujourd'hui, le commandement qui constitue le rempart le plus important contre l'augmentation possiblement problématique du soldat, ce commandement ayant avant tout à l'esprit la protection des êtres humains qu'il a sous sa protection.

L'analyse offerte par Constance Fouilland est à tous égards scientifique : elle offre à la fois une description détaillée des augmentations envisagées mais surtout, avec un regard critique, de toutes ces ambivalences. Elle a su faire preuve de beaucoup de détermination pour aborder ce sujet complexe, sur le plan éthique bien sûr (sans tomber dans une critique excessive de toute forme d'augmentation, elle a su prendre en compte les spécificités propres à son objet d'étude – le soldat – sur lequel pèsent des injonctions toutes particulières à la performance – sans pour autant renoncer à plaider pour l'application des principes juridiques fondamentaux qu'elle estime devoir être mieux appliqués à son égard) mais aussi sur le plan juridique (car il existe peu de travaux doctrinaux sur cette question, et un cadre juridique, comme elle a montré, peu étoffé). Aborder la question sous l'angle de la médicalisation est un choix judicieux. Constance Fouilland a fait preuve de grandes qualité scientifiques dans sa démarche, et de persévérance pour l'aborder sous toutes ces facettes. La publication de son travail permettra une meilleure diffusion de ce travail innovant et riche d'interrogations pour quiconque s'intéresse à la question du soldat augmenté, mais plus largement pour tous ceux qui travaillent sur le droit de la bioéthique et s'intéressent aux nombreux tiraillements qui le traversent, entre, d'une part, la transformation de l'être humain, et d'autre part, les risques qui la sous-tendent.

Madame Laurie Marguet, Maître de conférences.

## INTRODUCTION GÉNÉRALE

« *Si j'avais du temps et votre talent pour étudier la guerre, je pense que je me concentrerais entièrement sur les réalités du combat : les effets de la fatigue, de la peur, de la faim ou du manque de sommeil. Ce sont ces réalités-là qui rendent la guerre si compliquée et si difficile* ».

Cette lettre du Maréchal Lord Wavell[1] à Liddell Hart[2] illustre le fait que les soldats sont des êtres faibles, qui ressentent la fatigue, la peur, la faim ou encore le manque de sommeil. Quand on y réfléchit, c'est la raison pour laquelle la volonté d'augmenter le soldat apparaît. Cette faiblesse humaine est le cœur de l'augmentation du soldat, ce pour quoi il y a une volonté d'augmenter et de faire disparaître les faiblesses de celui qui doit être fort : le militaire.

L'Homme a toujours voulu dépasser ses limites physiques, biologiques, cognitives, afin de s'élever, en s'augmentant. Le soldat, qui n'est pas un Homme comme un autre et ne fait pas un travail comme un autre, qui s'engage pour un idéal qui le dépasse, qui doit obéir et est prêt à mourir pour son pays, peut être tenté par l'augmentation ; l'augmentation de ses capacités physiques, mentales, psychologiques, afin de ne pas faiblir face à l'ennemi, afin d'inhiber sa peur, ses faiblesses et de vaincre. Le soldat, le médecin militaire, le commandement, l'homme politique peuvent, tous, être tentés par l'augmentation du soldat. Il est à noter que toutes augmentations ne sont pas mauvaises, bien au contraire, le soldat qui s'est équipé d'un gilet par balles – afin d'augmenter ses capacités de résistance –, le soldat qui peut voir dans la nuit, au moyen de jumelles, le soldat dont l'équipement capte le refroidissement du corps et permet de le réchauffer ou encore le soldat qui peut obtenir des informations

---

[1] Archibald WAVELL (1883-1950) était un officier supérieur de l'armée Britannique. Il a servi lors de la Seconde guerre des Boers, la campagne de la Vallée du Bazar, la Première Guerre mondiale (au cours de laquelle il fut blessé), et la Seconde Guerre mondiale.

[2] Sir Basil H. LIDDELL HART (1895-1970) a servi dans l'armée anglaise jusqu'en 1927, puis il entame une carrière de journaliste et d'expert en stratégie. C'est l'auteur de *Histoire de la Deuxième guerre mondiale,* ouvrage qui lui valut une grande réputation internationale.

sans communication orale, grâce à une ceinture lui permettant de ressentir des vibrations pour savoir s'il est en danger, sont des augmentations qui permettent au soldat de remplir sa mission avec l'aide de la technique. Cette anthropotechnie[3] maîtrisée est, sans aucun doute, bénéfique pour le soldat. Tout le raisonnement se fonde dans l'équilibre à trouver.

À partir du moment où Prométhée a offert le feu du savoir à l'Homme[4], il était évident que ce dernier allait l'utiliser pour s'élever jusqu'à se confronter aux limites humaines, qu'il a, nécessairement, voulu dépasser. Le soldat, qui par son engagement, porte les valeurs d'une Nation et ses armes, fait l'objet de l'attention de la technique car il doit être celui qui est fort, celui qui s'élève face à l'ennemi et donc protège la Nation. Nul doute que le savoir transmis à l'Homme servira l'augmentation des capacités du soldat, afin de faire de lui un sur-soldat, qui se rapproche du surhomme de Nietzsche[5]. Le soldat porte sur ses épaules le poids d'une société qui prône la performance[6] et le risque demeure dans le fait qu'il devienne l'objet de l'augmentation et non plus le sujet. Il est à préciser, qu'ici, le soldat s'entend du soldat membre de l'armée de Terre, malgré certaines allusions aux trois corps d'armes, composant l'armée française : l'armée de Terre, l'armée de l'Air et la Marine Nationale.

Pour travailler sur le soldat augmenté, il faut tout d'abord réfléchir à la définition de ce qu'est l'augmentation du soldat (§1). Cette approche conceptuelle doit, nécessairement, être suivie d'une approche historique de l'augmentation du soldat car la volonté d'augmenter le soldat n'est pas contemporaine (§2), même si la notion contemporaine de l'augmentation du soldat est intéressante à scruter (§3). Enfin, il est nécessaire de s'intéresser à une étude comparée de l'augmentation du soldat, car c'est lui

---

[3] Anthropotechnie : « *ensemble des techniques favorisant le développement biologique et culturel de l'Homme* », centre national de ressources textuelles et lexicales.

[4] Platon, « Le mythe de Prométhée ».

[5] Nietzsche, « Le surhomme ».

[6] Sous-lieutenant Gaspard SCHNITZLER, « Le soldat augmenté, quels enjeux pour l'armée de Terre ? »; Revue Militaire Générale n° 56, Histoire et stratégie, 23 février 2021.

qui représente la Nation, sur son territoire et à l'étranger, et son armement ainsi que ses capacités représentent la force de l'État. Il apparaît évident que l'augmentation des capacités du soldat est une préoccupation de chaque État (§4).

### *§1 – Une approche conceptuelle de l'augmentation du soldat*

Issu du latin « *augmentare* », augmenter, le terme augmentation comporte une connotation positive. L'augmentation est l'action d'augmenter et donc d'accroître. Dans le domaine militaire cela vise une action positive, celle d'accroître les capacités du soldat.

Ce travail entend donner une définition très large des augmentations du soldat, l'approche historique permettra de révéler à quel point le milieu militaire a toujours été au cœur de ces questions d'augmentation du soldat. C'est alors que l'arme ou encore le drone piloté à distance seront considérés comme des augmentations du soldat, visant à améliorer, à augmenter les performances globales d'une unité militaire. Le soldat se voit augmenté, à la fois, par la technique non-invasive, par des technologies faisant corps avec lui, tel l'exosquelette mais aussi, au moyen d'augmentations invasives, visant à accroître ses capacités cognitives, ses capacités physiques, ses capacités intellectuelles et parfois à inhiber ses capacités affectives, sociales ou spirituelles. C'est alors que la lentille de contact intelligente et connectée, les casques permettant une vision nocturne, les vaccins permettant une résistance du soldat face à un terrain hostile ou encore la caféine et les substances psychostimulantes seront considérés comme des augmentations du soldat.

La définition retenue est la suivante « *le soldat augmenté est un soldat dont les capacités sont augmentées, stimulées ou créées dans le but de renforcer son efficacité opérationnelle. Ces augmentations peuvent aller de la modification physiologique, ou d'un changement d'état psychologique, à l'utilisation de moyens qui, faisant corps* [ou non] *avec lui, assurent la continuité de l'amélioration de ses capacités corporelles sensorielles, physiques ou cognitives »*[7].

L'idée générale de l'augmentation du soldat est d'obtenir de lui une efficacité dans l'action, une efficience opérationnelle (obtenir les résultats attendus dans la réalisation de la mission). Monsieur Gérard de Boisboissel et Monsieur Jean-Michel le Masson ont répertorié les différentes augmentations du soldat visant à obtenir de lui une efficience opérationnelle, il en sera ajouté une à la liste. Il est alors possible d'augmenter le soldat :

- *en renforçant ses capacités psycho-cérébrales (intellectuelles, mentales, psychologiques, cognitives) et/ou physiques en lui permettant d'en acquérir de nouvelles ;*
- *par des moyens faisant corps avec lui à effet d'augmentation des performances humaines ;*
- *par des apports pharmacologiques non thérapeutiques, des implantations statiques ou dynamiques (nanomatériaux, prothèses) ou de la thérapie génique sur sa physiologie ;*
- *de manière courte ou prolongée, voire irréversible, sous réserve d'en maîtriser les effets ; »*[8]
- au moyen d'armes et de robots pilotés à distance permettant au soldat de s'augmenter par des moyens extérieurs à lui et contrôlés par lui.

À ce stade, une distinction est à apporter. Il faut distinguer quatre types d'augmentations :

- les augmentations volontaires et contrôlées, c'est le cas de l'utilisation d'un exosquelette ;
- les augmentations volontaires et non contrôlées, c'est le cas de la prise de psychostimulants dans le civil ou d'une opération relative à l'acuité visuelle ;
- les augmentations imposées mais contrôlées, c'est le cas de l'équipement comme le viseur de casque pour hélicoptère ;
- les augmentations imposées mais non contrôlables par avance, c'est le cas de la prise de psychostimulants, comme le Modafinil durant la guerre du Golfe, ou la caféine LP 300 mg, qui peuvent entraîner des effets secondaires.

---

[7] Gérard DE BOISBOISSEL et Jean-Michel LE MASSON, « Le soldat augmenté : définitions », Les cahiers de la Revue défense nationale, page 22.

[8] *Ibid.*

Cette définition, très large, vise à englober toutes les augmentations susceptibles d'accroître les capacités du soldat. Ce sont à la fois les augmentations invasives et non invasives, les augmentations touchant aux capacités cérébrales (la mémoire), psychologiques (le stress), physiologiques ou encore physiques (la force, l'endurance, la fatigue). Cette définition sera même élargie à la réparation du soldat, autrement dit le fait de soigner les soldats, les soigner physiquement et psychologiquement, donc réparer leur corps et leur âme. Dans le cadre d'un entretien, Monsieur de Boisboissel expliquait que « *la Nation a le devoir de réparer les soldats qui s'engagent pour elle* ». Au premier abord, la réparation du soldat ne vise qu'à le replacer dans un état physique et psychique initial, antérieur. La réparation ne vise alors pas à augmenter le soldat. Cependant, il sera étudié que la réparation peut être la porte ouverte à l'augmentation du soldat et qu'à travers la simple réparation du soldat, une augmentation se profile, comme le montre la jambe SYNSYS[9], issue de l'entreprise française Proteor. Cette jambe comprend un ensemble genou, cheville, pied qui fonctionne en synergie et permet d'avoir une démarche naturelle. Mais force est de constater, qu'elle ne permet pas seulement de replacer une personne amputée, dans une situation antérieure, car, par exemple, la rotation du genou peut, quasiment, effectuer un tour complet, il y a là une augmentation. Demain, les prothèses de jambe pourraient permettre de courir plus vite ou de faire des sauts inouïs.

Pour l'heure, il est possible d'augmenter la mobilité du soldat, sa protection, ses capacités de combat, son interconnexion au monde, sa perception, son domaine cognitif, sa maîtrise des émotions et du stress, sa résistance aux évènements extrêmes, son endurance et sa récupération. Et tout cela, au moyen d'équipements portés, d'exosquelettes, de dispositifs de communication intégrés, de l'intelligence artificielle, de la réalité assistée ou augmentée, des neurosciences, de la pharmacologie, de la psychologie, de la chirurgie, de la génétique ou de l'épigénétique, des biotechnologies, de l'entraînement[10].

---

[9] Prothèse externe de jambe contrôlée par microprocesseur.

[10] Gérard de BOISBOISSEL et Jean-Michel le MASSON, "Le soldat

Cet aspect conceptuel de l'augmentation du soldat soulève des questionnements. Ces augmentations peuvent passer la barrière du corps, elles peuvent être imposées, elles doivent se concilier avec le statut si particulier du soldat, elles se développent et peuvent venir du monde civil, du monde scientifique et médical, du monde de l'industrie de l'armement ou encore du monde militaire. Autrement dit, elles assaillent le soldat de tous côtés et la question de son libre consentement face à ces dernières est une véritable problématique au cœur du sujet sur l'augmentation du soldat.

Cette définition de l'augmentation du soldat présente un caractère bien spécial car elle s'applique au soldat. Soldat qui est un Homme augmenté par son entraînement et qui devient donc un être augmenté par rapport à un citoyen, disons, lambda. Cette définition, très large, de l'augmentation du soldat, invite à se pencher sur l'histoire de l'augmentation du soldat. Le soldat a toujours été augmenté, par la technique, à l'aide de boucliers et de lances, mais aussi au moyen de médicaments ou de psychostimulants. Se plonger dans l'histoire de l'augmentation du soldat, montre la volonté toujours plus grande des États, d'augmenter les performances de leurs soldats et donc les limites urgentes à fixer (§2).

### *§2 – Une approche historique de l'augmentation du soldat*

Comme le dit Bergson dans sa théorie sur l'Homo faber « *en définitive, l'intelligence, envisagée dans ce qui en paraît être la démarche originelle, est la faculté de fabriquer des objets artificiels, en particulier des outils à faire des outils et d'en varier indéfiniment la fabrication* ». En effet, de tout temps les Hommes ont cherché à construire, à fabriquer. Par exemple, des bâtons de jet en bois, vieux de 300 000 ans, ont été découverts entre 1994 et 1998, ces armes étaient utilisées par les Homo heidelbergensis, ancêtres présumés de Néandertal. Depuis les armures et les épées, maintenant devenues les gilets pare-balles

---

augmenté : définitions", Comité d'études de Défense Nationale, Revue Défense Nationale, 2017/HS1 n° hors-série, pages 21 à 26.

et les fusils d'assaut, les soldats se sont toujours équipés pour partir à la guerre, ils se sont toujours augmentés pour accroître leur capacité et leur chance de remporter la victoire. Les entraînements militaires se sont intensifiés, afin de préparer les soldats aux nouveaux combats et à des ennemis surentraînés, tels que les samouraïs[11]. Mais au-delà de l'équipement, des armes et des entraînements, le soldat a été, de tout temps, augmenté au moyen de diverses substances, « *les peuples anciens tels que les Grecs, les Assyriens, les Perses, les tribus sibériennes, les Vikings, les Amérindiens et d'autres eurent une utilisation assez intensive d'une variété hétérogène de substances enivrantes* »[12]. Champignons hallucinogènes, LSD, coca, cocaïne, amphétamine, ecstasy, les soldats ont toujours, et depuis l'aube des temps, eu recours à ces substances afin d'inhiber la peur, le stress, afin de ne plus ressentir ni fatigue, ni faim, ni douleur.

Le soldat, confronté à un milieu hostile, à la peur, au stress, à l'angoisse de la mort, a toujours eu recours aux augmentations. Lukasz Kamienski présente dans son ouvrage relatif aux drogues et à la guerre[13], que l'alcool jouait un rôle absolument essentiel, à la fois médical en anesthésiant la douleur, stimulant en favorisant la confiance en soi, psychologique et physiologique en décontractant le soldat ou en lui donnant des forces. Les drogues ou les substances psychoactives, comme l'opium, lors de la guerre entre la Grande-Bretagne et la Chine[14] ; la cocaïne lors de la Première Guerre mondiale ; les amphétamines lors de la Seconde Guerre mondiale ; la pilule dite d'assaut, la Pervitin, utilisée par les soldats allemands, dont on voulait qu'elle « *transforme les pilotes de la Luftwaffe, les soldats de la Wehrmacht et les marins de la Kriegsmarine en guerriers surhumains ou, en un mot, qu'elle produirait une armée de*

[11] Élite guerrière japonaise apparue au Xème siècle.

[12] Łukasz KAMIENSKI, « Les drogues et la guerre. De l'Antiquité à nos jours », Nouveau monde édition, 2016, page 83.

[13] *Ibid.*

[14] Surnommée guerre de l'Opium entre 1839 et 1842, c'est la première fois que les substances psychoactives révèlent leur rôle central, lors de conflits, Łukasz KAMIENSKI, « Les drogues et la guerre. De l'Antiquité à nos jours », Nouveau monde édition, 2016, page 129.

*véritable héros aryens* »[15] ; le mélange d'amphétamine et d'héroïne lors de la guerre de Corée entre 1950 et 1953 par les speedballs ; ou encore plus récemment le Modafinil lors de la guerre du Golfe entre 1990 et 1991, a toujours été utilisé et montre le désir d'augmenter le soldat afin d'accroître son efficience opérationnelle pour qu'il soit en mesure de mener à bien la mission qui lui a été confiée.

De tout temps, le soldat a dû se montrer fort voire invincible. Par exemple, le jeune spartiate était enlevé à sa mère à l'âge de 7 ans afin de s'aguerrir et de devenir un soldat, quasiment surhumain. L'idée était de lui inculquer des techniques de combats et un esprit fort afin de faire disparaître les faiblesses humaines. Cependant, de tout temps également, le soldat a été rattrapé par ses faiblesses humaines, ce qui a, finalement, poussé les Hommes à développer toujours, davantage, les techniques d'augmentation pour faire du soldat, un être surpuissant. Finalement, l'Homme devient dépendant de la technique et souhaite, davantage, la développer[16].

Il apparaît assez nettement que le soldat a toujours été sujet, voire objet d'expertise, dans le domaine de l'augmentation de l'Homme. Son statut particulier l'a toujours exposé à cela, car il est celui qui doit défendre la Nation et très souvent d'ailleurs les choix penchent en faveur de cette nécessité. Les questions plus contemporaines de l'augmentation du soldat se révèlent à travers une médicalisation de ces techniques d'augmentation (§3).

---

[15] Łukasz KAMIENSKI, « Les drogues et la guerre. De l'Antiquité à nos jours », Nouveau monde édition, 2016, page 221.

[16] Jean-Jacques ROUSSEAU, *Discours sur l'origine et les fondements de l'inégalité parmi les hommes*, 1755.

*§3 – Une approche contemporaine de l'augmentation du soldat*

Selon l'étude prospective menée en mai 2017 par le Secrétariat général de la défense et de la sécurité nationale[17], à l'horizon 2030, les perspectives d'augmentation du soldat sont les suivantes (sans être exhaustives) : implants destinés à augmenter l'acuité visuelle ou auditive ; dispositifs d'électrostimulation cérébrale pour les opérateurs exerçant en environnement complexe ; interface cerveau machine permettant soit d'utiliser des exosquelettes afin d'augmenter les capacités locomotrices, soit de piloter des drones ou des robots.

Toutes ces techniques sont destinées à faire corps avec le soldat et donc peuvent être caractérisées d'invasives. Elles visent à augmenter le soldat en passant par une augmentation de son corps, donc une atteinte portée à son corps. Tout ce qui relève de l'atteinte portée au corps humain est, en France, médicalisé. L'atteinte portée au corps humain passe par le médical car c'est la seule atteinte portée au corps, qui est légalement encadrée. L'office du médecin est encadré, ses droits et ses devoirs, les limites qu'il ne peut franchir sont aussi dictées. Le corps, qui est sacré, ne peut être légalement atteint que par l'office médical qui emporte la dérogation de toucher au corps sacré de l'Homme et donc de porter une atteinte légitime à son corps, dans le respect des limites qui sont fixées par la loi.

L'augmentation du soldat passe alors par cette médicalisation et vise à s'ancrer dans un certain cadre juridique, cadre qui s'avère à la fois bousculé, incomplet voire inexistant concernant cette augmentation du soldat.

Finalement, il est question d'augmenter le soldat en faisant de lui une nouvelle arme, une arme d'un genre nouveau. Il ne s'agira plus du soldat portant l'arme mais du soldat faisant corps avec l'arme ; chose rendue possible grâce à la médicalisation de l'augmentation du soldat qui permet de franchir la barrière du corps et donc de faire du soldat une arme, là où le simple port d'une arme l'augmente extérieurement. Ces augmentations

---

[17] Secrétariat général de la défense et de la sécurité nationale : Chocs futurs. Étude prospective à l'horizon 2030 : impacts des transformations et ruptures technologiques sur notre environnement stratégique et de sécurité, mai 2017.

bouleversent le droit applicable et mettent en lumière les faiblesses de la protection du soldat face à son augmentation. Cette médicalisation implique de poser des définitions, telle que l'éthique. Qu'est-ce qu'une augmentation éthique du soldat ? Y en a-t-il une ? Tout comme la dignité humaine, l'éthique est un terme complexe à définir et d'ailleurs Frédéric Canini propose, pour le définir, de procéder par élimination et de définir ce que n'est pas l'éthique « *l'éthique n'est pas la morale, qui n'est que la projection d'une action sur un axe Bien-Mal, reflet d'une époque. Ce n'est pas la déontologie qui dicte la manière dont doit se comporter un professionnel compte tenu des normes édictées par les membres de sa profession. Ce n'est pas la loi qui édicte ce qui doit être fait dans une société donnée (et en miroir, ce qui est interdit), avec entre les deux la zone grise du toléré* »[18]. La dignité humaine, quant à elle, qui se rapporte à une notion transcendantale en droit français, une notion qui implique que tout Homme est digne et doit voir sa dignité respectée, n'est pas non plus un terme parfaitement défini et dépend, pour beaucoup, de l'idée que chacun se fait de cette notion.

Finalement, l'indétermination des termes au cœur de l'augmentation du soldat n'est que le reflet de l'indétermination générale qui plane sur la protection du soldat face à son augmentation. L'augmentation contemporaine, du soldat, passant par le monde médical est une ouverture à cette augmentation, puisque, par nature, le monde médical est le seul à pouvoir porter atteinte au corps humain, légalement. Cependant, cette possibilité, légalement autorisée, de laisser les médecins attenter au corps du soldat, peut laisser pencher la balance en faveur d'un certain paternalisme médical, qui bien que diminué dans le monde militaire[19], demeure présent avec tous les risques que cela implique, notamment au niveau du consentement et du respect du consentement du patient. Force est de constater, qu'au sein de l'armée, ce paternalisme médical est

---

[18] Jean-Pierre BAËCHLE, Mémoire de recherche « Médecin militaire et soldat augmenté : un avatar d'une double loyauté », 9 septembre 2021.

[19] Loi n° 2002-303 du 4 mars 2002 relative aux droits des malades et à la qualité du système de santé, dite loi KOUCHNER visant à remettre le patient au cœur des soins, lui laissant le droit de décider pour lui-même en renforçant la place du consentement libre et éclairé.

présent sous une forme bien particulière, le médecin n'étant pas, seulement, médecin mais aussi militaire. Toujours est-il que l'augmentation du soldat est largement ouverte grâce à la médicalisation de cette augmentation.

Que ce soit au niveau international ou au niveau national, l'augmentation du soldat touche de nombreux pays et surtout les pays riches, capables de débourser de grandes sommes d'argent dans la recherche et la technique visant à augmenter les soldats, ce qui engendre une forme de course à l'augmentation du soldat (§4).

### *§4 – Une approche comparée de l'augmentation du soldat*

La quête du soldat augmenté est lancée. Sergeï Shoigu, Ministre de la Défense russe, a confirmé « *son intention de créer une unité militaire robotique* »[20]. Cette idée s'appuie sur la recherche et le développement de la défense nationale ayant fait d'importants progrès dans le domaine de l'intelligence artificielle. Les informations sont manquantes mais « *des commentaires de Shoigu indiquent que le ministère de la Défense va au-delà des systèmes robotiques pour améliorer le déminage, rationaliser le commandement et le contrôle (C2) ou pour améliorer la précision des tirs sur le champ de bataille* »[21]. Pour la Russie, l'idée serait de laisser l'humain dans un rôle secondaire et de fonder une réelle armée autonome, robotisée[22], « *la tâche de tels dispositifs est de minimiser la participation humaine aux hostilités, ce qui signifie sauver la vie des militaires. Les robots sont assez divers : des mini-systèmes de surveillance ou de déminage aux machines qui sont pratiquement des réservoirs à part entière (...)* »[23].

Ces systèmes d'armes létales autonomes, qui ne sont pas le cœur du sujet mais dont il sera fait mention, montrent que l'idée de la guerre menée par des robots, qui a fait l'objet d'un sujet

---

[20] Roger MCDERMOTT, « Moscou forme les premières unités militaires robotiques », Eurasia Daily Monitor Volume, n° 18.
[21] *Ibid.*
[22] Programme Uran-9, des véhicules terrestres sans pilotes.
[23] Dimitri LITOVKINE, « Les robots partent en guerre : le ministre de la défense forme la première unité sans âme », *in* Indépendant, avril 2021.

prisé en science-fiction[24], n'est plus un mythe si lointain. C'est une augmentation du soldat, dans le sens où ces armes prolongent la mission du soldat. Cependant, ce mémoire a vocation à se concentrer spécifiquement sur le soldat en lui-même.

Le Royaume-Uni, avec son programme Advanced Research and Invention Agency, s'investit largement dans l'augmentation du soldat ; le programme Safe Genes vise « *à protéger la santé et la préparation militaire [en évitant] l'utilisation abusive intentionnelle ou accidentelle des technologies d'édition du génome* »[25] de la Defense Advanced Research Projects Agency américaine et les suspicions sur la Chine, qui développerait des « *super soldats biologiquement améliorés* »[26], montrent à quel point ce sujet touche le monde entier. Un éminent général chinois aurait dit en 2017 que « *la biotechnologie moderne et son intégration avec les domaines de l'information, de la nano (technologie) et cognitif, etc. auront des influences révolutionnaires sur les armes et l'équipement, les espaces de combat, les formes de guerre, et les théories militaires* »[27]. Tout ce panel, des nombreux pays investissant dans le développement du soldat augmenté, montre que la question est bien actuelle et que les questionnements se situent à la fois sur le plan national mais aussi international.

La France est évidemment sur la liste, comme le démontre la création du Comité d'éthique de la Défense, installé le 10 janvier 2020, et son avis portant sur le soldat augmenté où il exprime qu'il « *est impératif de ne pas inhiber la recherche sur le soldat augmenté, comme dans le domaine de l'innovation de défense en général, afin d'éviter tout risque de décrochage capacitaire de nos armées* »[28]. L'ancienne ministre des armées, Madame Florence Parly, avait exprimé, dans un discours à l'occasion du Digital forum innovation defense, « *nous disons oui à l'armure*

---

[24] Alex PROYAS, *I Robot*, 2004.

[25] Docteur Anne CHEEVER, « Gènes sûrs », DARPA.

[26] Ken DILANIAN, "La Chine a effectué des tests sur l'homme pour créer des supers soldats biologiquement améliorés, selon un haut responsable américain", *in* News, 3 décembre 2020.

[27] *Ibid.*

[28] Comité d'éthique de la Défense, « Avis portant sur le soldat augmenté », 4 décembre 2020, Ministère des armées, page 4.

*d'Iron Man et non à l'augmentation et la mutation génétique de Spiderman* »[29]. De plus, le rapport parlementaire d'information sur les systèmes d'armes létales autonomes, indique le chemin à suivre « *dans la stratégie du ministère des Armées sur l'intelligence artificielle au service de la défense* »[30] : respecter le droit international et particulièrement le droit international humanitaire ; un niveau de contrôle humain suffisant concernant l'interaction homme/machine ; la permanence de la responsabilité du commandement humain.

Dans le système français, objet de l'étude, il semble y avoir un encadrement de l'augmentation du soldat, un encadrement éthique entre le principe de respect de la dignité humaine, du libre consentement, entre les lois nationales, la création du Comité d'éthique de la défense ou encore le droit international des conflits armés et le droit international humanitaire, applicable. Cependant, force est de constater que cette protection du soldat contre ou face à son augmentation se manifeste, être, d'une grande fragilité, peu établie en la matière ou alors privilégiant la nécessaire protection de la Nation.

Un dernier acteur français, auquel il est important de faire seulement référence, sans qu'il soit objet d'une étude approfondie, est la RED TEAM. C'est une initiative décidée lors de l'été 2019 par l'agence de l'innovation de défense, l'état-major des armées, la direction générale de l'armement et la direction générale des relations internationales et de la stratégie. Elle vise à imaginer les menaces pouvant mettre en péril la France et ses intérêts. Grâce à une équipe d'auteurs, de scénaristes de science-fiction, d'experts scientifiques et de militaires, les guerres de demain sont, pour ainsi dire, pensées et scénarisées à l'avance afin de mieux s'y préparer et de mieux pouvoir y répondre. Il n'est pas prouvé qu'elle ait un impact effectif mais elle permet, tout de même, d'imaginer et de penser le soldat de demain, confronté à de nouvelles menaces.

---

[29] Ancienne ministre des Armées, Madame Florence PARLY, « Discours à l'occasion du Digital forum innovation defense », 4 décembre 2020.

[30] Assemblée nationale, « Rapport d'information sur les systèmes d'armes létaux autonomes », n° 3248, 22 juillet 2020.

En conciliant ce qui a été exprimé, le fait que le soldat est par nature, un Homme qui s'augmente par son entraînement et son armure, mais aussi, et cela depuis toujours, au moyen de la pharmacologie, de techniques invasives ou non invasives provenant du milieu de l'innovation, il faut faire un premier constat qui est celui du lien intime et presque intrinsèque du soldat et de l'augmentation. Maintenant, en considérant qu'il y a une nette médicalisation de l'augmentation du soldat, permettant une ouverture vers cette augmentation, il est important de questionner le cadre juridique existant et donc la protection du soldat face à cette augmentation, qui semble presque s'imposer à lui. Mais alors, quel cadre juridique pour la protection du soldat, face à son augmentation ?

S'il y a une médicalisation de l'augmentation du soldat, cela permet une ouverture vers cette augmentation mais remet, tout à la fois, en cause des principes établis (Titre I). C'est alors qu'il convient d'aller chercher un encadrement juridique, à la fois d'un point de vue national et d'un point de vue international. Très vite apparaît un vide juridique en la matière, qui peut être dangereux pour le soldat. Cependant, dans le même temps, apparaît un encadrement, bien particulier, un encadrement coutumier du commandement militaire (Titre II).

# TITRE I

# LA MÉDICALISATION DE L'AUGMENTATION DU SOLDAT, UNE OUVERTURE VERS L'AUGMENTATION

L'augmentation du soldat, qu'elle soit invasive ou non, touche au corps de l'Homme. Quand elle est invasive, l'atteinte portée au corps du soldat est prégnante. Dès lors qu'elle n'est pas invasive il est moins prégnant de l'affirmer, mais force est de constater qu'elle demeure une atteinte portée au corps du soldat, car elle entend, par un moyen extérieur, faire un avec le soldat, c'est le cas de l'exosquelette, qui sera traité dans cette première partie. Cette atteinte portée au corps du soldat peut s'effectuer si une justification est apportée. Afin de pouvoir opérer de telles augmentations, il a nécessairement fallu trouver une justification à ces processus d'augmentation. La médicalisation s'est imposée car c'est elle, qui permet l'atteinte portée au corps humain, tout en offrant un cadre juridique et une certaine protection du patient. Dès lors, si l'augmentation est médicalisée, le militaire peut subir, légitimement, des augmentations invasives. Cette médicalisation bouleverse des principes juridiques établis car elle est permissive, puisqu'elle ouvre la possibilité de porter atteinte au corps sacré de l'Homme et en l'espèce du soldat (chapitre 1). Mais cette médicalisation de l'augmentation du soldat comporte un deuxième effet, celui de mettre sur le devant de la scène, une figure phare, celle du médecin militaire ; figure liant à la fois, le médecin et le militaire (chapitre 2).

# CHAPITRE 1

# L'AUGMENTATION INVASIVE DU SOLDAT : UNE REMISE EN CAUSE DES PRINCIPES JURIDIQUES

L'augmentation invasive du soldat touche au corps du soldat. Cette notion d'augmentation bouleverse les pratiques de la médecine traditionnelle qui soigne, répare ou accompagne. La médicalisation de l'augmentation du soldat offre une nouvelle possibilité à la médecine, celle d'augmenter le soldat. Cependant, cela n'est pas sans incidence sur les principes juridiques phares de consentement, d'information, d'égalité, de non-discrimination, de respect de la vie privée ou encore de respect du secret médical. Ces augmentations invasives provenant du monde médical pour le monde militaire font naître une nouvelle nécessitée, permissive puisque non encadrée, la nécessité médico-militaire. Cette nouvelle nécessité est une justification apportée à l'atteinte portée au corps du soldat, mais est un réel bouleversement dans le principe de consentement libre et éclairé du militaire (section 1). Les augmentations invasives du soldat proviennent, à la fois du monde militaire, mais aussi et presque, surtout, du monde médical civil. Ces augmentations proposées au soldat, souvent à leur portée, remettent, elles aussi, en cause des principes phares comme celui du respect de la vie privée, du respect du secret médical, du principe d'égalité ou encore de non-discrimination (section 2).

## SECTION 1 – Une justification de l'atteinte portée au corps du soldat remettant en cause son consentement libre et éclairé

Les augmentations invasives portent nécessairement atteinte aux corps des soldats. Elles sont une atteinte directe à l'inviolabilité du corps humain[31] mais une atteinte justifiée par

[31] Article 16-1 du code civil « *Chacun a droit au respect de son corps. Le corps humain est inviolable. Le corps humain, ses éléments et ses produits ne peuvent faire l'objet d'un droit patrimonial* ».

une nouvelle nécessité : une nécessité médico-militaire ; nécessité, mêlant la nécessité militaire à celle médicale (§1). L'affirmation de cette nécessité permet l'augmentation des soldats qui se dévouent pour la Nation et sont prêts à sacrifier leur vie. Mais cette nouvelle nécessité médico-militaire entraîne un bouleversement du principe phare qu'est le consentement lors de l'atteinte portée au corps. Est-ce que le soldat est libre de refuser ou de consentir à l'augmentation ? Si l'on considère à la fois son statut de militaire et sa place au sein de la société, ainsi que sa volonté d'homme de survivre face au danger, il paraît audacieux de parler d'un consentement pleinement libre et éclairé (§2).

### *§1 – La justification de l'atteinte portée au corps du soldat : la nécessité médico-militaire*

Le terme nécessité vient du latin « *necessitas* » et signifie « ce qui est inévitable, inéluctable, une obligation impérieuse de faire quelque chose ». La nécessité d'augmenter le soldat paraît évidente : accroître les performances du militaire, accroît nos chances de remporter la victoire. Il s'agit alors de faire naître – par l'intrusion invasive d'une substance ou d'un élément étranger au corps humain – des capacités dites « sur-humaines ». Cette nécessité est, tout d'abord, une nécessité militaire, cela répond à un réel besoin militaire d'augmenter les soldats à l'heure où les guerres sont technologiques[32] (A) ; ensuite, pour permettre une plus grande atteinte au corps du soldat, la nécessité d'augmenter le militaire passe par une nécessité médicale, nécessité permettant – plus simplement – d'augmenter le soldat de manière invasive (B).

[32] À ce propos, voir Jean-Marie FAUGERE, « L'impact des nouvelles technologies sur la conception et la conduite des opérations », *in* Inflexions 2007/1, n° 5, pages 177-187

## A. La nécessité militaire de l'augmentation du soldat

L'augmentation du soldat émane d'une forte nécessité militaire, c'est-à-dire « *la prise des mesures nécessaires pour atteindre les buts de la guerre* »[33]. En effet, les conflits qui apparaissent sont plus violents, plus complexes et l'armement fait appel à diverses technologies toujours plus sophistiquées et désormais toujours plus invasives. Cette nécessité militaire d'augmenter le soldat puise son essence au sein de deux fondements : la défense de la Nation – l'armée devant s'imposer face aux autres États – (1) et la société civile, société mettant en avant la performance, de celui qui doit être le plus fort, le soldat (2).

### *1. La défense de la Nation première génératrice de la nécessité militaire de l'augmentation du soldat*

« *L'armée de la République est au service de la Nation. Sa mission est de préparer et d'assurer par la force des armes la défense de la patrie et des intérêts supérieurs de la Nation.* »[34]

Ceci participe des obligations militaires des soldats. Le soldat devient alors l'arme de la Nation face aux menaces extérieures. Il acquiert cette capacité, cette possibilité de donner la mort au nom même de la Nation, si nécessité se présente. Apparaît immédiatement la nécessité militaire d'augmenter le soldat, de faire de lui un surhomme capable de défendre, ce pour quoi il s'est engagé : son pays, son peuple, sa Nation.

« *L'Armée est donc le caractère dur et défensif de la Nation, son fer de lance. De même que l'eau se solidifie sous l'attaque du froid, de même la Nation emploie son Armée lorsqu'elle se sent attaquée par des groupes et qu'elle souhaite retrouver son autonomie. L'existence de l'Armée est donc étroitement liée à l'existence de la Nation ; tant qu'il y aura Nation, il y aura*

[33] Pietro VERRI, « Dictionnaire du droit international des conflits armés », CICR, 1988.

[34] Article L.4111-1 Code de la Défense

*Armée, domi militiaeque* »[35]. L'exemple le plus parlant se trouve aux portes de la France, en Ukraine. Une Nation puise sa force au sein de son armée, armée qui doit être capable de se défendre et d'être, à la fois effective et efficace au combat, pour s'imposer mondialement. C'est alors que la première arme d'un État est le soldat, homme prêt à donner sa vie pour la Nation.

De la lance à l'arme automatique, du bouclier à la tenue blindée, le soldat a vu son armement s'adapter aux nouvelles attaques. Dans une sorte de course effrénée, chaque armée entend s'équiper mieux que l'autre afin de protéger sa Nation et par là même, d'imposer sa puissance militaire. Philippe Wodka-Gallien, reprenant la théorie du désir mimétique de René Girard[36] disait « *la course aux armements s'interprète comme un phénomène intrinsèque au progrès scientifique, mais aussi comme la traduction d'un désir mimétique propre à la nature humaine : obtenir les mêmes instruments que l'adversaire, pour leur apport opérationnel au profit de la défense mais aussi souvent pour disposer des mêmes instruments et symboles de puissance* »[37]. Ce désir mimétique pousse alors un État à équiper son armée pour qu'elle puisse défendre sa Nation face aux autres Nations. Non pas forcément des Nations ennemies mais seulement pour demeurer compétitive. En effet, du désir mimétique naît la rivalité, René Girard ira jusqu'à dire qu'apparaît alors « *la guerre de tous contre tous* ». Chacune des Nations tend à être la plus efficace au niveau de son armée et se dote d'armements toujours plus performants.

Le soldat, au cœur de cette course à l'armement, n'est pas épargné. Apparaît une obligation impérieuse d'augmenter le soldat, de le rendre plus performant, plus à même de défendre la Nation face aux nouvelles menaces. C'est alors qu'une atteinte portée à son corps tend à être permise. Durant la guerre du Golfe, l'utilisation par la France mais aussi par les États-Unis du

---

[35] Monseigneur RAVEL, évêque aux Armées françaises, « Le rapport entre l'Armée et la Nation », compte-rendu de la conférence du 8 janvier 2014, poste 29.

[36] René GIRARD, Théorie du désir mimétique.

[37] Philippe WODKA-GALLIEN, « La course aux armements : la dissuasion en filigrane » *in* Les Champs de Mars 2013/1, n° 25, pages 57-70.

Modafinil[38] afin « *d'améliorer la vigilance des soldats, leur permettant entre autres de tenir efficacement soixante heures sans dormir* »[39], est une réponse à une nécessité militaire de terrain. En effet, le Docteur Bigard, ancien docteur de l'Institut de recherche biomédicale des armées a pu dire « *on a eu recours au Modafinil pour des opérations coup de poing en situation d'isolement total, où le maintien de l'éveil est essentiel – la destruction d'un site ou d'un personnage, la libération d'un otage. Typiquement ce genre de situation où les gars jouent leur peau* » et Marion Trousselard, médecin en chef et chercheur en neurophysiologie du stress, de poursuivre « *l'objectif des armées est de maintenir ses soldats en bonne santé. Mais ils doivent se parachuter au-dessus d'un territoire taliban, franchement, on ne se pose pas la question !* »[40].

La défense de la Nation apparaît comme la première justification logique à la nécessité militaire d'augmenter le soldat, mais elle n'est pas la seule. Une autre génératrice de la nécessité militaire d'augmenter le soldat est à prendre en compte : la société civile (2).

### *2. La société civile, autre génératrice de la nécessité militaire de l'augmentation du soldat*

Le développement de l'hyper-technicité[41] de la société emporte deux pendants importants en matière d'augmentation du

---

[38] Le Modafinil est un psychostimulant puissant visant à améliorer la vigilance des patients qui souffrent de narcolepsie.

[39] Docteur Pierre BOURGOIS, « L'enjeu du soldat augmenté pour les puissances démocratiques, les Etats-Unis à l'heure du choix », IRSEM, étude n° 82, juin 2021, pages 42-43.

[40] Article Marion GUERIN, « Médicaments : comment l'armée maintient les militaires en action », *in* « Pourquoi Docteur, comprendre pour agir », 20 juin 2015.

[41] Hyper-technicité : « *convergence de plusieurs solutions techniques innovantes qui se fertilisent mutuellement* », définition de Gérard de BOISBOISSEL, ingénieur de recherche Centre de recherche des écoles de Saint-Cyr Coëtquidan (ci-après nommé CReC),
« Le soldat augmenté : regards croisés sur l'augmentation des performances du soldat », *in* Fondation pour l'innovation politique, décembre 2019.

soldat : il paraît inconcevable que les civils soient plus performants, plus augmentés que les militaires – détenteur de la force et du « *droit de donner la mort, avec, parallèlement une contrainte exorbitante, le sacrifice suprême*[42] *exigé par l'état militaire* »[43] – et parallèlement, il paraît inconcevable, pour les citoyens, que leurs soldats – défenseurs au prix de leur vie – ne soient pas équipés des dernières technologies. La société voit les moyens d'amélioration de la condition humaine par la technique et tend à devenir une société de la performance. L'homme se compare aux autres, s'évalue, se mesure. C'est vrai pour le sport, et les exemples ne manquent pas, notamment en 2009 lorsque le record du monde des 100 mètres masculin s'est abaissé à 9''58 avec Usain Bolt, ayant ainsi battu le record de Don Lippincott en 1912, de 10''60.

Le dopage ou récemment le microdopage s'est progressivement installé dans cette société de la performance. C'est dans une étude médicale, sollicitée par France 2 en 2015 qu'ont « *ainsi été testées en microdoses les techniques d'EPO, hormones de croissance et transfusions sanguines, sur huit athlètes en phase de désentraînement pendant trois semaines. Les doses étaient inférieures d'environ un dixième à celles prises par certains grands sportifs convaincus de dopage. Les résultats ont été impressionnants : les athlètes se sentaient plus invincibles, plus énergiques, ne craquaient pas dans l'effort et les résultats ont montré une amélioration de 6 % aux performances de tests d'effort et de 3,9 % aux 300 mètres en salle* ». Ces stimulants accroissent considérablement la performance physique, mais trop souvent, sont délaissés les effets indésirables ou les effets secondaires de ces molécules. En effet, cette même molécule EPO, en augmentant le volume de globules rouges entraîne par une relation de cause à effet une viscosité et une coagulation plus rapide du sang, ce qui, *in fine*, peut entraîner un risque d'hypertension artérielle et de thromboses.

---

[42] Article L.4111-1 code de la Défense.

[43] Ronan DOARE, « La judiciarisation des activités militaires : quelles réponses ? », *in* Inflexions 2015/1, n° 28, pages 125-141.

Il n'est pas anodin que toutes inventions, dans le cadre d'une demande de brevet, passent par la direction générale de l'armement[44]. L'armée doit pouvoir vérifier si la nouvelle invention est susceptible de porter atteinte à l'ordre public de protection ou porte sur une nouvelle arme qui pourrait, si elle tombe entre de mauvaises mains, devenir une menace ou encore si elle porte sur des logiciels permettant des écoutes téléphoniques, par exemple. La direction générale de l'armement peut alors détecter un risque et donc durant un an, renouvelable tous les ans, ne pas délivrer l'autorisation de divulgation, indispensable pour poursuivre la procédure de délivrance du brevet.

De plus, l'armée est profondément liée et intéressée par les inventions provenant de la société civile. La société civile ne peut être laissée de côté et mise à l'écart dans l'émergence de la nécessité militaire de l'augmentation des soldats, dans la mesure où les inventions proviennent parfois – si ce n'est souvent – de la société civile et surtout parce que le soldat est un citoyen mais un citoyen, disons-le « pas comme les autres ». « *Le militaire est soumis à des règles qui l'éloignent très fortement de son contemporain. Il doit obéir plutôt que protester, prendre des risques plutôt qu'exercer son droit de retrait au moindre incident, bouger plutôt que s'installer, travailler le jour ou la nuit, le dimanche comme la semaine sans organiser de référendums préalables* »[45]. Dans cette spirale infernale de la performance, le soldat doit s'affirmer et s'imposer comme le héros de la Nation. Avec le développement de l'hyper-technicité

---

[44] Article R.612-26 du code de la propriété intellectuelle « *Des délégués du ministre de la défense, spécialement habilités à cet effet et dont les noms et qualités ont été portés à la connaissance du directeur de l'Institut national de la propriété industrielle et ministre chargé de la propriété industrielle par le ministre de la défense prennent connaissance dans les locaux de l'Institut national de la propriété industrielle des demandes de brevet déposées, y compris lorsque celles-ci sont déposées sous la forme d'une demande provisoire, et le cas échéant de toute pièce complémentaire présentée tant que l'autorisation prévue à l'article L. 612-9 n'est pas acquise.*
*Celles-ci leur sont présentées dans le délai de quinze jours à compter de la date de leur réception à l'Institut national de la propriété industrielle* ».

[45] François CAILLETEAU, « Les militaires et les autres », *in* Inflexions 2017/1, n°34, pages 171-179.

de la société et ses nouvelles valeurs sociétales ayant élu pour reine la performance, l'armée ne peut qu'être prise dans la mêlée et semble devoir s'imposer. Le soldat qui représente cette société civile, qui la défend au prix de sa vie doit être performant et doit nécessairement augmenter ses capacités. La société génère, en son sein, une réelle nécessité militaire d'augmenter ses soldats. Soldats, qui obéissent à cette culture de la performance en l'épousant « corps et âme ».

La nécessité militaire d'augmenter les soldats – nécessité provenant de la défense de la Nation et de la société civile – n'est pas la seule nécessité qui s'impose dans le cadre de l'augmentation du soldat. En effet, force est de constater que la nécessité médicale, permissive, à bien des égards, est une composante dans l'augmentation du soldat (B).

### B. La nécessité médicale dans l'augmentation du soldat

Face à la question de l'augmentation invasive du soldat, la médecine est la première arme et son savoir la première munition. Cette nécessité médicale est à double tranchant car elle permet, tout à la fois, de protéger le soldat et son corps et en même temps d'ouvrir les potentialités de son augmentation (1), ce qui en fait une justification parfaite pour son utilisation et qui devient une brèche idéale pour augmenter les soldats (2).

#### *1. Une nécessité à double tranchant*

Le corps humain est devenu inviolable par le truchement du droit et les seules exceptions qui peuvent justifier une atteinte portée à ce corps sont la « nécessité médicale »[46] et le consentement du sujet[47]. Le soldat ne semble pas avoir à craindre

---

[46] Article 16-3 alinéa 1 du code civil « *il ne peut être porté atteinte à l'intégrité du corps humain qu'en cas de nécessité médicale pour la personne ou à titre exceptionnel dans l'intérêt thérapeutique d'autrui* ».

[47] Notion à nuancer avec la vision objective de la dignité humaine, en France, *réf.* CE *déc.* n°136727, 27 octobre 1995, affaire dite « du lancer de nain », Commune de Morsang-sur-Orge allant en contradiction avec la vision subjective de la dignité humaine de la Cour Européenne des droits de l'Homme

une augmentation qu'il ne désirerait pas. Ainsi, l'atteinte portée au corps humain « *devient une sorte de dérogation donnée aux soignants* »[48]. Il ne suffit pas du simple consentement du sujet mais il faut encore que l'acte effectué s'inscrive dans une finalité médicale. Le Code civil prévoit, à cet effet, deux règles supplémentaires, afin de veiller à la bonne application de cette disposition. Tout d'abord l'article 16-2 du Code civil vient préciser que « *le juge peut prescrire toutes mesures propres à empêcher ou faire cesser une atteinte illicite au corps humain ou des agissements illicites portant sur des éléments ou des produits de celui-ci, y compris après la mort* ». Ensuite l'article 16-9 du même code dispose que toutes « *les dispositions du présent chapitre sont d'ordre public* », autrement dit, il n'est pas possible d'y déroger par un acte de volonté mais seule la loi peut prévoir des dérogations. Dès lors, il n'est plus possible d'attenter au corps d'un sujet pour mettre en place des expériences ou simplement reproduire une blessure sur des condamnés afin de mieux soigner un tout autre malade[49]. La nécessité médicale dans l'acte médical permet alors de protéger le corps humain et, en présence, de protéger le corps du soldat. Il ne peut faire l'objet d'un acte médical qui n'aurait pas, pour finalité, le soin.

Cependant, force est de constater que cette même nécessité médicale conduit très souvent à passer outre le consentement du patient. L'exemple révélateur est la transfusion sanguine chez les Témoins de Jéhovah. En effet, la jurisprudence en la matière demeure constante. Les deux célèbres arrêts du Conseil d'État Senanayake[50] et Feuillatey[51] ont été une nouvelle fois réitérés dans une décision récente du Conseil d'État du 20 mai 2022[52]. La nécessité médicale de sauver la vie des patients, nécessitant une

---

(Cour EDH), *réf.* Cour EDH requêtes n°42758/98 et n°45558/99, 17 février 2005, Affaire K.A et A.D c/ Belgique.

48 Irène FRANÇOIS-PURSSELL, « Le consentement aux soins, une nécessité éthique pour une meilleure relation médecin-patient », Haut Conseil de la santé publique, actualité et dossier en santé publique, n°105, décembre 2018.

49 *Réf.* aux expériences menées par le célèbre chirurgien Ambroise PARÉ pour guérir l'œil du roi Henri II blessé lors de son combat contre le Capitaine de sa garde écossaise Gabriel de MONTGOMERY.

50 CE *déc.* n°198546, 26 octobre 2001.

51 CE *déc.* n°249552, 16 août 2002.

52 CE *déc.* n°463713, 20 mai 2022.

transfusion sanguine d'urgence, prime toujours sur la volonté contraire du patient. Apparaît alors une tout autre manière de penser la nécessité médicale, elle devient la barrière face aux actes inhumains qu'ont pu subir les victimes chinoises de l'unité 731[53] ou encore les victimes juives dans les camps de concentration. La nécessité médicale agit dans l'intérêt du patient et de sa santé et non seulement dans l'intérêt de la science ou l'intérêt personnel du médecin de développer ses savoirs[54].

La nécessité médicale, devenue nécessité médicale avec la loi du 6 août 2004[55] et non plus simple nécessité thérapeutique, afin d'élargir le champ des possibles, paraît être une brèche idéale pour le développement des recherches médicales sur l'augmentation des capacités du soldat (2).

### *2. La nécessité médicale : une brèche idéale vers l'augmentation du soldat*

Les soldats sont amenés à endurer des souffrances physiques et psychologiques intenses et c'est pourquoi l'institut de recherche biomédicale des armées concentre tous ses efforts afin de venir en aide au militaire lors de ses missions. L'exemple de l'Afghanistan après l'embuscade d'Uzbin en 2008[56] est très parlant. Les soldats étaient en état de stress aigu, Marion Trousselard raconte « *nous avons dû les prendre en charge pour éviter les syndromes post-traumatiques. Mais il n'y a pas de traitement pour cela, et encore moins en pleine brousse ! Ils ont reçu quelques gouttes de Lopaxine et cela a très bien fonctionné. Ce sont des observations de fortune qui nous permettent d'affiner la pharmacopée militaire* »[57]. Cela apparaît être une nécessité

---

[53] Unité Japonaise ayant mené des expérimentations médicales au long de la Seconde Guerre Mondiale au sein de l'État du Mandhoukouo, dont le responsable était le Lieutenant-Chirurgien Ishii Shirô.

[54] Après le code de Nuremberg, la loi Huriet et Sérusclat a finalement été remplacée par la loi Jardé du 5 mars 2012, venant compléter l'arsenal juridique encadrant la recherche biomédicale en France.

[55] Loi bioéthique n°2004-800, 6 août 2004.

[56] Embuscade d'Uzbin, 18 août 2008, Afghanistan, dix soldats français tombés pour la Patrie.

[57] Article de Marion GUERIN, *op. cit.*

médicale que de donner aux soldats le moyen de tenir bon malgré la difficulté du terrain, le stress, la dangerosité, car n'oublions pas qu'il s'agit de vie humaine qui doive protéger la Nation, certes, mais aussi qui doivent rentrer chez elle lorsque la mission est terminée. Donner ces substances au soldat permet d'augmenter leur résistance au choc post-traumatique, c'est à la fois une nécessité médicale que de soigner le soldat en amont, avant le développement du choc post-traumatique et un moyen de l'augmenter pour satisfaire la nécessité militaire de garder l'Homme sur le terrain. La nécessité médicale devient au service de la nécessité militaire, en augmentant le soldat.

La nécessité médicale a pris d'assaut la nécessité militaire d'augmenter le soldat, la tranchée est creusée, il ne reste plus qu'à donner l'ordre. La France, nous le verrons, est prudente sur ces sujets mais l'ouverture de la boîte de Pandor ne sera pas sans conséquences. D'ailleurs Madame Florence Parly, dans son discours du 4 décembre 2020 à Paris a pu dire, « *nous ne disons pas non au soldat augmenté, mais nous en choisissons les modalités : nous rechercherons toujours des alternatives aux transformations invasives, c'est-à-dire des augmentations qui ne franchissent pas la barrière corporelle* »[58]. En résumé, il s'agit de dire « *oui à l'armure d'Iron Man et non à l'augmentation et à la mutation génétique de Spiderman* »[59]. La France demeure prudente en matière d'augmentation invasive, touchant à l'intégrité du corps humain. La nécessité médicale d'augmenter le soldat semble s'imposer mais avec retenue. Ainsi, même le Comité d'éthique de la Défense, dans son avis portant sur le soldat augmenté dira que cela relève d'une importance capitale de ne pas « *inhiber la recherche sur le soldat augmenté (...) afin d'éviter tout risque de décrochage capacitaire de nos armées* »[60]. Et même s'il est « *inenvisageable* [pour le Comité d'éthique de la Défense] *de recourir, avec ou sans, consentement préalable, à une augmentation qui n'aurait fait l'objet d'aucune recherche*

---

[58] Déclaration de Madame Florence PARLY, Ancienne ministre des Armées, sur l'armée et l'éthique, Paris le 4 décembre 2020, Digital forum innovation defense.

[59] *Ibid.*

[60] Comité d'éthique de la Défense « Avis portant sur le soldat augmenté », *op.cit.*

*préalable sur les impacts et effets indésirables* [ce qui serait] *contraire à l'obligation de préservation de la santé physique et morale* »[61], il est impératif de rappeler que la tranchée est déjà creusée…

La nécessité médico-militaire s'impose *de facto* dans l'augmentation du soldat. Cependant, demeure l'interrogation sur le consentement du soldat face à cette augmentation, peut-on parler d'un consentement libre et éclairé face à ce que représente la fonction de militaire ? Il paraîtrait hâtif de considérer que le statut de militaire priverait irrémédiablement le soldat de tout consentement face à une atteinte à son intégrité physique (§2).

### *§2 – Les limites du consentement du soldat face à la nécessité médico-militaire de son augmentation*

Le consentement libre et éclairé est, en France, un principe phare. Il est intéressant de se pencher sur le consentement du soldat à son augmentation. Est-il vraiment libre de consentir et peut-on parler d'un consentement réellement éclairé ? Il semble, en réalité, que le principe du consentement libre et éclairé du soldat est un principe dont il bénéficie, en théorie (A), là où en pratique il semble moins opérant (B).

#### A. Les garanties théoriques d'un consentement libre et éclairé du soldat

Provenant du latin cum-sentire (sentir avec), la notion de consentement désigne un accord, une conformité ou une uniformité d'opinion. Juridiquement, consentir signifie « *la volonté d'engager sa personne ou ses biens ou les deux à la fois* »[62]. Cette notion s'est imposée après le procès des médecins nazis à Nuremberg, notamment au sein de son code[63]. Cette

---

[61] *Ibid.*

[62] Serge BRAUDO, conseiller honoraire à la Cour d'appel de Versailles, dictionnaire juridique.

[63] Code établi le 20 août 1947, à la suite du procès des médecins Nazis entre décembre 1946 et août 1947 à Nuremberg. Son premier critère dispose : « *Le consentement volontaire du sujet humain est absolument essentiel. Cela veut*

définition semble prendre tout son sens en droit français, fortement attaché à ce principe (1). Principe qui semble être respecté au travers du contrat d'engagement que signe tout militaire pour servir sous le drapeau (2).

### *1. La place primordiale du consentement en France*

La notion de consentement est intimement liée à la notion de dignité et d'intégrité morale et physique de la personne humaine[64]. La Cour de cassation, dans le célèbre arrêt Teyssier[65] impose le respect de la personne humaine, notamment par le recueil de son consentement éclairé grâce à une information claire et loyale délivrée préalablement à l'acte de soin. Le Code de Nuremberg[66], en son premièrement énonce « *le consentement volontaire du sujet humain est absolument essentiel* », notion réaffirmée dans le préambule de la Constitution de 1946, repris dans le préambule de la Constitution du 4 octobre 1958 ou encore dans la loi bioéthique du 29 juillet 1994, puis, par la loi Kouchner

---

*dire que la personne intéressée doit jouir de capacité légale totale pour consentir : qu'elle doit être laissée libre de décider, sans intervention de quelque élément de force de fraude, de contrainte, de supercherie, de duperie ou d'autres formes de contraintes ou de coercition. Il faut aussi qu'elle soit suffisamment renseignée, et connaisse toute la portée de l'expérience pratiquée sur elle, afin d'être capable de mesurer l'effet de sa décision. Avant que le sujet expérimental accepte, il faut donc le renseigner exactement sur la nature, la durée, et le but de l'expérience, ainsi que sur les méthodes et moyens employés, les dangers et les risques encourus ; et les conséquences pour sa santé ou sa personne, qui peuvent résulter de sa participation à cette expérience. L'obligation et la responsabilité d'apprécier les conditions dans lesquelles le sujet donne son consentement incombent à la personne qui prend l'initiative et la direction de ces expériences ou qui y travaille. Cette obligation et cette responsabilité s'attachent à cette personne, qui ne peut les transmettre à nulle autre sans être poursuivie* ».

64 Sandrine TURGIS, « L'augmentation du soldat à la croisée des droits de l'Homme et du droit des conflits armés », *in* CReC Saint-Cyr, « Le soldat augmenté : les besoins et les perspectives de l'augmentation des capacités des combattants », Les cahiers de la Revue Défense Nationale, Actes enrichis de la journée d'études du 19 juin 2017 au ministère des Armées, Paris, page 174.

65 Cour de cassation *déc.* n°1942.63, 28 janvier 1942, « Teyssier ».

66 Code établi le 20 août 1947, à la suite du procès des médecins Nazis entre décembre 1946 et août 1947 à Nuremberg. *op. cit.*

de 2002[67] qui a finalement permis d'insérer, au sein du code de la santé publique, à l'article L.1111-4, cette notion. « *Aucun acte médical ni aucun traitement ne peut être pratiqué sans le consentement libre et éclairé de la personne et ce consentement peut être retiré à tout moment* ». Dès lors, il est impossible de passer outre le consentement de la personne et de lui faire subir des atteintes à son corps. Ce libre consentement ne va pas sans son corollaire, l'information loyale, claire et appropriée. « *Toute personne a le droit d'être informée sur son état de santé (...)* »[68], il ne s'agit plus d'une simple possibilité mais c'est un réel droit à l'information. Ce principe – présent dans le code de déontologie médicale[69] – a été reconnu, par la Cour de cassation, comme trouvant « *son fondement dans le respect du principe constitutionnel de sauvegarde de la dignité de la personne humaine* »[70] et également par la Cour européenne des droits de l'homme, dans une décision du 2 juin 2009[71], où elle considère que l'obligation d'information du médecin et le principe de recueil du consentement procèdent de l'application de l'article 8 de la Convention de sauvegarde des droits de l'homme et des libertés fondamentales. C'est ainsi qu'après avoir été informé sur sa santé, sur l'acte entrepris et ses conséquences ainsi que sur les risques encourus il est possible de parler d'une information complète donnant naissance à un consentement éclairé.

L'autre pendant du consentement est la liberté de celui-ci. Le consentement doit être nécessairement libre pour qu'il soit effectif. Un consentement libre, c'est-à-dire dénué de contraintes morales ou physiques, doit être pris en âme et conscience ; le sujet du consentement doit être maître de la décision. L'article 3 de la Charte des droits fondamentaux de l'Union européenne, en

---

[67] Loi n°2002-303, 4 mars 2002, relative aux droits des malades et à la qualité du système de santé. Loi dite « loi Kouchner », en *réf.* au ministre de la Santé de l'époque, Bernard Kouchner, *op.cit.*

[68] Article L.1111-2 du code de la santé publique (CSP).

[69] Code de la déontologie médicale, article 35 alinéa 1 : « *Le médecin doit à la personne qu'il examine, qu'il soigne ou qu'il conseille, une information loyale, claire et appropriée sur son état, les investigations et les soins qu'il lui propose. Tout au long de la maladie, il tient compte de la personnalité du patient dans ses explications et veille à leur compréhension* ».

[70] Cour de cassation, 1ère ch. civ., *déc.* n°00.14-564, 9 octobre 2001.

[71] Cour EDH, *déc.* n° 31675/04, 2 juin 2009, « Affaire Codarcea c/ Roumanie ».

son second alinéa précise « *dans le cadre de la médecine et de la biologie, doivent notamment être respectés (...) le consentement libre et éclairé de la personne concernée (...).* » La Convention d'Oviedo énonce, en son article 5, « *une intervention dans le domaine de la santé ne peut être effectuée qu'après que la personne concernée y a donné son consentement libre et éclairé. Cette personne reçoit préalablement une information adéquate quant au but et à la nature de l'intervention ainsi que quant à ses conséquences et ses risques. La personne concernée peut, à tout moment, librement retirer son consentement* ». Enfin, le Pacte international sur les droits civils et politiques précise en son article 7, qu'« *il est interdit de soumettre une personne sans son libre consentement à une expérience médicale ou scientifique* ».

L'armée française a déjà pris conscience de la nécessité de respecter le consentement du personnel militaire dès lors qu'il s'agit de la prise de substances modifiant la vigilance en opération. D'ailleurs, l'instruction relative à l'utilisation militaire de substances modifiant la vigilance du 4 mai 2015 pose diverses conditions :

- « *avant toute prise de substance modifiant la vigilance, le militaire doit avoir reçu d'un médecin des armées une information sur la nature du ou des produits, leurs effets attendus, les risques d'effets secondaires. Celle-ci doit être personnalisée et adaptée à la situation médicale de l'intéressé* » [72];
- un test préalable doit être réalisé avant toute activité militaire ;
- le consentement ne peut être considéré comme valide que s'il est recueilli à l'issue de la délivrance des informations et du test préalable ;

Pour finir, l'instruction explicite que « *tout militaire reste libre de refuser la prise de ce type de substance, y compris dans le cadre du test préalable* »[73]. Elle permet alors un droit de rétractation du personnel militaire.

---

[72] Instruction relative à l'utilisation militaire de substances modifiant la vigilance, n° 744 /DEF/EMA/SC PERF/BORG, n° 744 /DEF/DCSSA/PC/MA du 04 mai 2015, §5.1.
[73] *Ibid.*

Force est de constater que le recueil du consentement libre et éclairé du soldat, avant le recours à son augmentation, semble primer en tout point et faire l'objet d'une solide protection. Il semble, à tous égards, solidement protégé. Il ne faut pas oublier que l'engagement dans l'armée se manifeste par un contrat, qui ne fait en aucun cas mention d'une acceptation future de l'augmentation (2).

### 2. *Le contrat d'engagement dans l'armée*

L'article 1128 du Code civil dispose que « *Tout contrat, pour être valable, nécessite le consentement des parties, leur capacité à contracter, et un contenu clair et autorisé par la loi* ». Ainsi, si le contrat d'engagement au sein de l'armée stipulait l'augmentation, il faudrait qu'elle soit très clairement posée et établie pour que le militaire puisse y consentir librement.

De plus, le code du soldat dispose en son premièrement : « *au service de la France, le soldat lui est entièrement dévoué, en tout temps et en tout lieu* ». Lors de son engagement au sein de l'armée, le soldat a conscience de ce à quoi il s'engage et par conséquent de ce à quoi il renonce. Il est connu que le droit de grève ou alors le droit d'être syndiqué est « *incompatible avec l'état militaire* »[74], mais il est moins connu qu'il y a un renoncement certain du soldat, au droit de ne pas être blessé ou tué[75]. Le soldat s'engage à accomplir les missions qui lui sont données et s'il le faut « *au péril de sa vie* »[76]. Le renoncement au droit de ne pas être tué ou blessé implique la renonciation à l'exercice du droit fondamental de la vie. Il apparaît alors que l'engagement au sein de l'armée entraîne une renonciation volontaire à ce droit fondamental[77]. La contrepartie est alors le droit de porter les armes et de les utiliser si nécessaire.

---

[74] Article L4121-4 du Code de la Défense.

[75] Sara BADARI, « Mémoire de recherche sur les enjeux juridiques du soldat augmenté, analyse comparée : France, Etats-Unis, Royaume-Uni », page 62-63, 2020.

[76] Code d'honneur du Soldat, deuxièmement « *Il accomplit sa mission avec la volonté de gagner et de vaincre et si nécessaire au péril de sa vie* ».

[77] Le droit à la vie est présent dans de nombreux textes internationaux, comme l'article 3 de la Déclaration universelle des droits de l'homme (DUDH), 10

Pour la protection de la Nation et par son engagement au sein de l'armée, le soldat renonce à l'exercice de son droit à la vie. Le consentement à ce renoncement est licite, dès lors qu'il n'est pas équivoque, qu'il n'est pas vicié et qu'il n'est pas contraire à l'ordre public de protection. En l'espèce, le soldat signe un contrat d'engagement au sein de l'armée et il est conscient lors de cette signature – pour une durée n'excédant pas dix ans[78] – qu'il est susceptible de mourir et donc qu'il consent au renoncement de l'exercice de son droit fondamental à la vie. Il est important d'insister sur le fait que le militaire signe un contrat d'engagement, – certes, très différent des contrats de droit commun mais qui demeure un
contrat – pouvant pour « motifs exceptionnels »[79] être résilié. À ce propos, le tribunal administratif de Paris, a jugé, le 25 octobre

---

décembre 1948 qui dispose « *tout individu a droit à la vie, à la liberté et à la sûreté de sa personne* » ; l'article 6 du Pacte international relatif aux droits civils et politiques « *le droit à la vie est inhérent à la personne humaine. Ce droit doit être protégé par la loi. Nul ne peut être arbitrairement privé de la vie* », 16 décembre 1966 ; l'article 2 de la CEDH « *le droit de toute personne à la vie est protégé par la loi* », 4 novembre 1950 ; l'article 2 de la Charte des droits fondamentaux de l'Union européenne « *toute personne a droit à la vie* », 7 décembre 2000. Il est présent également au sein de l'article 16 du code civil « *la loi assure la primauté de la personne, interdit toute atteinte à la dignité de celle-ci et garantit le respect de l'être humain dès le commencement de sa vie* ».

[78] Décret n° 2008-961, 12 septembre 2008, relatif aux militaires engagés, article 5 « *La durée d'un contrat d'engagement ne peut excéder dix ans* ».

[79] Article L 4139-13 du code de le Défense « *La démission du militaire de carrière ou la résiliation du contrat du militaire servant en vertu d'un contrat, régulièrement acceptée par l'autorité compétente, entraîne la cessation de l'état militaire. La démission ou la résiliation du contrat, que le militaire puisse bénéficier ou non d'une pension de retraite dans les conditions fixées au II de l'article L. 24 et à l'article L. 25 du code des pensions civiles et militaires de retraite, ne peut être acceptée que pour des motifs exceptionnels, lorsque, ayant reçu une formation spécialisée ou perçu une prime liée au recrutement ou à la fidélisation, le militaire n'a pas atteint le terme du délai pendant lequel il s'est engagé à rester en activité. Lorsque le militaire a droit à la liquidation de sa pension de retraite dans les conditions fixées au II de l'article L. 24 du code des pensions civiles et militaires de retraite, la démission ou la résiliation du contrat est effective à l'issue d'un préavis dont la durée est fixée par décret en Conseil d'État. Toutefois, lorsque les circonstances l'exigent, le Gouvernement peut prévoir, par décret, le maintien d'office en position d'activité pour une durée limitée. Le militaire dont la démission ou la résiliation de contrat a été*

2018[80] « *que constituait bien une circonstance exceptionnelle justifiant la démission d'un militaire, malgré son engagement à rester en position d'activité, dès lors que ce militaire qui avait été formé pour être Pilote, avait été muté pour effectuer une mission de « cybertraitance »[81] après une décision d'arrêt de progression sur un type d'avion* ». La Cour administrative d'appel de Marseille, le 21 octobre 2022 a précisé qu'un refus de démission devait être motivé en justifiant « *précisément et non pas de façon générale, des besoins en gestion du personnel vis-à-vis de la situation du militaire qui présente sa démission* »[82] ou encore en prouvant « *la contrainte de service qui doit être actuelle et non potentielle* »[83]. Si une démission doit être acceptée dans le cadre d'une mutation ne répondant pas aux compétences du militaire, tout porte à croire qu'une démission dans le cadre du non-consentement à une augmentation devrait être acceptée. En l'absence d'une telle acceptation, il faudrait encore, que le refus soit largement motivé et en l'espèce, motiver une atteinte portée au corps du soldat – en présence d'une augmentation invasive – en l'absence de son consentement, paraît fortement complexe à apporter. Tout laisse à penser, que le consentement libre et éclairé du soldat serait respecté dans le cadre d'une augmentation invasive lui étant proposée.

Cependant, il ne faut pas oublier que le militaire est un soldat qui doit obéir et penser avant tout à la bonne conduite de sa mission. C'est pourquoi, il est possible de parler d'une forme d'illusion du consentement libre et éclairé du soldat face à son augmentation (B).

---

*acceptée est soumis à l'obligation de disponibilité au titre de la réserve militaire ».*

80 Tribunal administratif (TA) Paris, *déc.* n°1715439/5-1, 25 octobre 2018.

81 Maumont, Moumni Avocats Associés (MDMH), « Lien au service : constitue un motif exceptionnel justifiant une démission la mutation d'un pilote vers un poste sans lien avec ses compétences », *in* Droit des militaires, 19 décembre 2018.

82 MDMH, « L'Armée a-t-elle le droit de refuser la demande de démission du militaire ? », *in* Droit des militaires, 9 novembre 2022.

83 *Ibid.*

### B. L'illusion du consentement libre et éclairé du soldat face à son augmentation

Le soldat s'engage au sein de l'armée et a un devoir d'obéissance envers ses supérieurs, devoir qui par nature paraît être difficilement conciliable avec le consentement libre et éclairé (1). Mais au-delà de ce devoir d'obéissance, la nécessité militaire semble, elle aussi, remettre en cause le consentement du soldat (2).

#### *1. Le consentement du soldat face au devoir d'obéissance*

Le militaire a un devoir d'obéissance exacerbé par son statut. Aussi bien, le code de la Défense – « *obéir aux ordres reçus conformément à la loi* »[84] – que l'article 5 du code d'honneur du soldat – « *loyal à mes chefs et dévoué à mes subordonnés, j'obéis avec confiance et je commande avec exigence et bienveillance* » – présentent que l'obéissance, au sein de l'armée, est aussi bien posée sur le papier, qu'effectivement exécutée. En effet, l'article L. 323-6 du code de la justice militaire dispose « *le fait pour tout militaire ou toute personne embarquée de refuser d'obéir, ou, hors le cas de force majeure, de ne pas exécuter l'ordre reçu est puni d'un emprisonnement de deux ans* ». L'obéissance aux supérieurs est emblématique de l'armée et c'est ainsi que l'esprit de corps, si propre au monde militaire, se forge. Le Général Trochu, écrira en 1867, « *l'armée doit être un instrument de moralisation publique puisque la discipline de l'armée crée la discipline de la nation* »[85].

Cette notion d'obéissance semble aller à l'encontre du consentement libre et éclairé du soldat. Peut-on parler d'un consentement libre, si le devoir du soldat est d'obéir ? Et peut-on parler d'un consentement éclairé lorsque le soldat envoyé en Afghanistan risque sa vie à chaque instant ?

Il est difficile d'apporter une réponse toute faite, sans prendre en compte le danger et le stress que les soldats peuvent endurer. Tout d'abord, les militaires sont tous liés à leur chef, il a

[84] Article D. 4122-1 du code de la Défense.
[85] Général Louis-Jules TROCHU, *L'armée Française en 1867*, 1867.

l'expérience, il connaît les enjeux et détient le pouvoir de donner les ordres. Peut se mettre en place une comparaison avec le paternalisme médical, « *je ne m'inquiétais nullement de trouver mon médecin ennuyeux ; j'attendais de lui que, grâce à un art dont les lois m'échappaient, il rendît au sujet de ma santé un indiscutable oracle en consultant mes entrailles* »[86], par ces mots, Marcel Proust explique à quel point le patient, profane, s'en remet à son médecin, sachant. Cette même citation peut être transposée au soldat et s'écrire de la sorte « *je ne m'inquiétais nullement de trouver [mon supérieur] ennuyeux ; j'attendais de lui que, grâce à un art dont les lois m'échappaient, il rendît au sujet de [la mission] un indiscutable oracle* ». Nous le verrons, le commandement militaire est un réel garde-fou face à l'augmentation des soldats et il est à rappeler que les soldats ont un devoir de désobéissance en cas d'ordre « manifestement illégal »[87] (devoir qui est manifestement difficile à réaliser, notamment car il engendre une « posture de cavalier seul »[88]). Cependant force est de constater que les soldats obéissent aux ordres du commandement guidé par les nécessités opérationnelles, l'urgence de la survie d'un individu, du groupe

---

[86] Marcel PROUST, *À l'ombre des jeunes filles en fleurs*, Paris, Gallimard, 1954, page 152.

[87] Loi n° 2005-270, 24 mars 2005 portant statut général des militaires, article 8 : « *Les militaires doivent obéissance aux ordres de leurs supérieurs et sont responsables de l'exécution des missions qui leur sont confiées. Toutefois, il ne peut leur être ordonné et ils ne peuvent accomplir des actes qui sont contraires aux lois, aux coutumes de la guerre et aux conventions internationales. La responsabilité propre des subordonnés ne dégage leurs supérieurs d'aucune de leurs responsabilités* ». Par la suite, le décret du 15 juillet 2005 n° 2005-796 relatif à la discipline générale militaire pris en application de la loi de 2005, dispose en son article 7 « *le subordonné ne doit pas exécuter un ordre prescrivant d'accomplir un acte manifestement illégal ou contraire aux règles du droit international applicable dans les conflits armés et aux conventions internationales en vigueur en France* » (à la même période se produit l'affaire « Mahé » où le général PONCET est accusé par ses subordonnés d'avoir donné l'ordre d'éliminer l'Ivoirien Firmin Mahé, tué en mai 2005). Actuel article D. 4122-3 du code de la Défense « *En tant que subordonné, le militaire : (...) 3° Ne doit pas exécuter un ordre prescrivant d'accomplir un acte manifestement illégal ou contraire aux règles du droit international applicable dans les conflits armés et aux conventions internationales en vigueur* ».

[88] Voir à ce propos l'analyse de Anne RAINAUD, « Le devoir de désobéissance », revue Lexsociété, n° ffhal-03601647f, 2022.

ou de la mission. On peut ainsi parler d'une sorte de mythe du consentement libre et éclairé au sein de l'armée.

Le devoir d'obéissance n'est pas sans incidence sur le consentement du soldat. Il est également la nécessité militaire qui ne demeure pas étrangère au mythe du consentement du soldat face à son augmentation (2).

### *2. Le consentement du soldat face à la nécessité militaire*

Si la nécessité militaire consiste en « *la prise des mesures nécessaires pour atteindre les buts de la guerre. Elle constitue la justification de tout recours à la violence, dans les limites dictées par le principe général de la proportionnalité* »[89], alors il paraît évident que la nécessité militaire pourrait prévaloir sur le consentement des militaires en opération, quand l'urgence[90] nécessiterait une décision rapide. Cette nécessité justifie le recours à la force armée dans les limites du principe de proportionnalité. Principe phare en matière de réponse militaire, signifiant qu'« *il est interdit de lancer des attaques dont on peut attendre qu'elles causent incidemment des pertes en vies humaines dans la population civile, des blessures aux personnes civiles, des dommages aux biens de caractère civil, ou une combinaison de ces pertes et dommages, qui seraient excessifs par rapport à l'avantage militaire concret et direct attendu* »[91].

La nécessité militaire permet alors d'adapter la réponse militaire face à une situation opérationnelle et aux objectifs de la mission. La nécessité militaire seule, serait une ouverture à des infamies innombrables, elle serait permissive par nature et permettrait toutes les victoires. C'est pourquoi son corollaire, la

[89] Pietro VERRI, « Dictionnaire du droit international des conflits armés », CICR, 1988, *op. cit.*

[90] Sachant que l'urgence dans le code de la santé publique, article L. 1111-4, alinéa 5 est une exception au recueil du consentement : « *lorsque la personne est hors d'état d'exprimer sa volonté, aucune intervention ou investigation ne peut être réalisée, sauf urgence ou impossibilité, sans que la personne de confiance prévue à l'article L. 1111-6, ou la famille, ou à défaut, un de ses proches ait été consulté* ».

[91] Règle 14 de l'étude sur les règles coutumières du droit international humanitaire (DIH), publiée par le CICR, 2005.

proportionnalité, tend à trouver un équilibre entre la nécessaire réussite de la mission et le respect de la personne humaine.

Cependant, au service de l'urgence, la nécessité militaire s'impose. Elle peut légitimer la mise de côté du consentement de l'intéressé, pour sa protection, celle de ses camarades ou encore pour la réussite de la mission. Il ne paraît plus aberrant de permettre au commandement de passer outre le consentement de ses soldats si le principe de proportionnalité permet de canaliser l'augmentation du soldat lors d'une nécessité militaire urgente. Tout comme dans le domaine médical, il serait possible de se référer au « soldat raisonnable », c'est-à-dire à ce soldat qui aurait raisonnablement accepté l'augmentation, si son consentement lui avait été demandé lors de la situation urgente[92]. Dès lors, il semble que le consentement libre et éclairé du militaire puisse s'effacer, se taire, face à la nécessité militaire, quand cette nécessité ne laisse pas le temps de recueillir le consentement du soldat.

Peut-on parler de liberté du consentement quand la nécessité militaire, qui dépasse le soldat en tant qu'individu, apparaît ? Peut-on parler de consentement éclairé, quand une information n'est pas spécifiquement délivrée, car l'urgence le justifie ? Il est évident qu'il ne s'agit pas d'un consentement comme on l'entend, mais n'est-il pas toujours le cas dans le domaine médical ? Le consentement du militaire n'est pas nécessairement un consentement libre et éclairé dans le cadre de son augmentation. Cependant, le médecin Marion Trousselard explique « *on leur dit que s'ils ne sont pas en mesure de refuser, ils peuvent toujours le jeter discrètement. Ils ne doivent pas être forcés si cela ne correspond pas à leurs valeurs, au risque de développer des états de stress* »[93], il semble que le soldat puisse exprimer son désaccord d'une autre manière. Le soldat demeure libre de refuser l'augmentation, mais il est manifeste que cette

---

[92] Justification apportée lorsque le choix du médecin est contesté, dès lors qu'il y avait une urgence vitale pour le patient et une incapacité de recueillir son consentement. Le médecin se réfère alors à cette idée du patient raisonnable qui aurait raisonnablement accepté les soins, s'il avait pu exprimer son consentement.

[93] Article de Marion GUERIN, *op. cit.*

liberté semble difficile à exercer, au regard de son statut de militaire, de la dangerosité de certaines missions, de l'esprit de corps qui peut peser sur sa décision ou encore de l'angoisse de l'idée de la mort.

La nécessité médico-militaire remet en cause le consentement libre et éclairé du soldat face aux augmentations invasives. Dès lors que l'atteinte portée au corps du soldat relève d'une nécessité médico-militaire, le principe juridique phare, qu'est le consentement, semble s'effacer et ouvrir la voie des augmentations invasives. D'autres augmentations invasives, proposées dans le monde civil sont la niche d'une remise en cause de nombreux principes juridiques. En effet, l'augmentation du soldat bouscule des principes juridiques établis, les consolide parfois et les remet en question très souvent à des fins qui servent la cause de l'augmentation (section 2).

## SECTION 2 – Une remise en cause de principes juridiques par des propositions civiles d'augmentation invasive

L'augmentation du soldat peut venir du monde civil. En effet, de nombreuses substances, comme des psychostimulants, sont disponibles dans le monde civil et parfois même en libre-service. La prise, par le soldat, de telles substances participe nécessairement de son augmentation, parfois sans qu'il le sache et parfois volontairement. Cela remet en cause des principes établis comme le respect de la vie privée, vie privée du soldat vis-à-vis d'un traitement médicamenteux qu'il prendrait dans le civil, par exemple, serait-il contraint de le dévoiler au médecin militaire ? Ou encore le secret médical, lors du retour à l'armée, y aurait-il un devoir de la part du médecin civil de révéler cette augmentation au médecin militaire ? (§1). Le monde civil propose également des augmentations invasives, irréversibles. L'exemple des opérations de l'acuité visuelle, visant à soigner une anomalie est pertinent, car cette opération peut aller plus loin que la simple guérison et permettre l'augmentation de la vision. En effet, elle permet de mettre en lumière une augmentation invasive irréversible qui semble tenter les candidats au métier des armes, mais qui peut bouleverser des principes établis comme le principe d'égalité ou le principe de non-discrimination (§2).

### *§1 – L'augmentation dans le monde civil, une remise en cause des principes de respect de la vie privée et du secret médical*

Les soldats peuvent librement augmenter leur capacité en prenant des substances disponibles en pharmacie. Cette consommation de psychostimulants contribue à leur augmentation au sein de la vie civile (A). La question qui se pose est au moment de leur retour à l'armée, y a-t-il un respect de la vie privée du soldat, quant à sa prise de psychostimulants et y a-t-il un respect du secret médical du médecin civil, prescripteur des psychostimulants, envers le médecin militaire ? (B)

## A. L'augmentation du soldat par la prise de psychostimulants disponibles dans le monde civil

Les psychostimulants sont des substances qui se retrouvent dans le monde civil et qui sont très souvent disponibles sous ordonnance ou même sans ordonnance en pharmacie, ce qui peut engendrer des augmentations des performances du soldat, provenant du monde civil (1). Un stimulant, quotidien, la caféine permet d'augmenter la réactivité et de maintenir éveiller le soldat. Le service de santé des armées a développé – à partir de la caféine disponible dans le monde civil – la caféine à libération prolongée, permettant d'augmenter le maintien en éveil et la réactivité de ses soldats (2).

### *1. Les psychostimulants disponibles dans le monde civil*

Lors de la Première Guerre mondiale l'alcool était largement utilisé ; au cours de la Seconde Guerre mondiale les Allemands utilisaient largement les amphétamines et divers dérivés d'opiacés[94] étaient utilisés par les Américains lors de la guerre du Vietnam. Il est fondamental de ne pas négliger la part de responsabilité des soldats dans cette prise de psychostimulants. Il est attrayant de développer les capacités de son esprit, d'autant plus, lorsque sa vie est menacée. La confiance en soi, peut être stimulée en inhibant les sentiments de stress ou encore de timidité et à cet égard, les amphétamines mais aussi les antidépresseurs favorisent un taux élevé de sérotonine[95], à ce titre il existe le Prozac, comprimé délivré sous ordonnance. L'attention, la concentration ou encore le temps de réaction sont stimulés par d'autres substances comme le Modafinil ou la Ritaline, prescrites sous ordonnance.

Certains psychostimulants ne nécessitent pas d'ordonnance et sont donc accessibles librement. Le Comité d'éthique de la Défense, dans son avis portant sur le soldat augmenté, a réalisé

---

[94] dérivés naturels du pavot (opium, morphine, codéine).

[95] substance permettant de réguler l'humeur, le comportement, l'anxiété ou encore l'apprentissage.

un tableau à cet égard[96]. Existent, alors, dans le commerce et sont disponibles en vente libre des substances diminuant la fatigue (exemple du médicament Arcalion, médicament utilisant de la Sulbutiamine qui est un psychostimulant contre la fatigue), des substances facilitant la récupération après une activité intense (exemple de l'Arginine), des substances diminuant le niveau de stress (exemple de l'Ativan) ou encore des substances accroissant la vigilance (exemple du GinkgoBiloba). La prise de psychostimulants est alors largement accessible dans le monde civil, au sein des pharmacies ou sur internet. Il est donc aisé, pour tout militaire qui souhaite s'augmenter, de se procurer des substances lui offrant des capacités, certes, intéressantes sur le terrain, mais participant à son augmentation non contrôlée. Il y a là, une augmentation volontaire mais non maîtrisée, ni par lui-même, ni par le commandement, ni même par les médecins. Le soldat peut tout à fait participer volontairement et secrètement à son augmentation.

Une autre substance intéressante est la caféine à libération prolongée[97], substance largement répandue et réglementée au sein de l'armée française, issue de la caféine du monde civil et améliorée dans le monde militaire (2).

### 2. *Le cas particulier de la caféine LP 300 mg*

La caféine est largement connue pour ses effets stimulants et sa capacité à permettre l'éveil prolongé. L'armée n'est pas sans le savoir et c'est pourquoi le Service de Santé des Armées, pharmacie des armées, s'est mis à développer la caféine LP 300 mg. La caféine était déjà utilisée par les soldats français à la bataille de Mazagran en 1840 et son utilisation n'a fait que croître. Avec l'arrivée de la caféine LP 300 mg, il a été nécessaire de réglementer son utilisation, tout d'abord par l'instruction du

---

[96] Comité d'éthique de la Défense, « Avis portant sur le soldat augmenté », Annexe 2 : Exemples d'augmentations prises en compte dans le champ de l'étude, 2020, pages 31-32.
[97] Caféine à libération prolongée, ci-après nommée caféine LP.

31 mai 2008[98] puis par l'instruction du 4 mai 2015[99]. Son utilisation est alors soumise à une sensibilisation préalable à la substance, pour les soldats ne présentant pas de contre-indication préalable. De plus, cette utilisation est soumise au secret médical, ce qui permet aux militaires de conserver leur libre arbitre, ils ne sont pas contraints de dire qu'ils en prennent et le médecin ne doit pas le révéler au commandement. Enfin, une pharmacovigilance permet de suivre les effets secondaires qui pourraient apparaître.

« *La caféine à libération prolongée est une nouvelle forme galénique de caféine permettant le maintien d'un taux plasmatique de caféine pendant six heures sans les effets secondaires habituels de la caféine solution, c'est-à-dire sans tachycardie, sans tremblement et sans effet diurétique ; le principal effet obtenu est alors un éveil de bonne qualité (...) La caféine permet plus de rétablir des performances dégradées que d'améliorer des performances nominales ; c'est donc bien en tant que contre-mesure "alicamentaire" à la fatigue physiologique et psychologique que cet alicament doit être utilisé* »[100]. La première utilisation française de cette substance a été lors de l'opération Harmattan en Libye en 2011[101], par les pilotes de ligne. L'objectif était de protéger les civils libyens depuis les airs et la mer, la fatigue des pilotes français provoquait une altération de la vigilance ainsi qu'une dégradation des performances, par un effet de domino cela entraînait nécessairement un risque pour la sécurité aérienne et pour la réussite de la mission. L'urgence opérationnelle a permis l'utilisation de la caféine LP et les résultats étaient très prometteurs car le maintien de la vigilance était élevé à 12 heures[102]. Cette substance est désormais utilisée dans de

[98] Instruction n°744/DEF/DCSSA/AST/TEC relative à l'utilisation de substances modifiant la vigilance en opérations, 31 mars 2008.

[99] Instruction n°744/DEF/DCSSA/PC/MA relative à l'utilisation militaire de substances modifiant la vigilance, 4 mai 2015.

[100] Instruction n°744/DEF/DCSSA/AST/TEC relative à l'utilisation de substances modifiant la vigilance en opérations, 31 mars 2008.

[101] Contribution française à l'intervention militaire de l'OTAN en 2011 dans le cadre de la guerre civile Lybienne (19 mars au 31 octobre 2011).

[102] David GRAS *et al.* « RETEX Caféine LP 300 mg DETAIR Souda Avril à Octobre 2011 », Soframas Bordeaux, 15 mars 2012.

nombreuses opérations françaises car elle présente « *un effet positif sur la vigilance et la restauration des performances après une privation de sommeil ou une perturbation circadienne* »[103].

La caféine LP 300 mg est d'utilisation fréquente et est fabriquée par la pharmacie centrale des armées, il n'est donc pas difficile de s'en procurer, d'autant qu'elle ne nécessite aucune prescription médicale. Encore une fois, le soldat peut participer à son augmentation en augmentant largement sa capacité de vigilance.

Le soldat peut, par sa propre volonté, se munir de substances permettant d'augmenter largement ses capacités. Ces divers psychostimulants sont disponibles en pharmacie sur prescription ou même sans prescription médicale. Mais, le soldat peut-il librement prendre ces divers psychostimulants, sans en informer le commandement ou encore le médecin militaire ? (B)

### B. Le respect des principes de vie privée et de secret médical au sein des armées

La prise de psychostimulants au sein de la vie civile pose nécessairement la question du respect des principes de vie privée et de secret médical au sein des armées. Le soldat bénéficie d'une protection de sa vie privée qui peut être limitée, du fait de son engagement pour la Nation (1). Quant au secret médical civil du soldat, il semble y avoir une certaine limite à ce dernier, lors du retour du soldat dans le monde militaire (2).

#### *1. Le respect de la vie privée du soldat*

Le soldat connaît de nombreuses limites au respect de sa vie privée. Par exemple, il ne peut faire grève[104] ou encore, il doit faire preuve de réserve dans l'expression de ses croyances philosophiques, politiques ou religieuses même si elles sont

---

[103] Étude rétrospective de l'utilisation des substances modifiant la vigilance (caféine à libération prolongée et zolpidem) chez le personnel navigant de la base aérienne 172 de N'Djamena (Tchad) durant les cinq premiers mois de l'opération « Serval », *in* Médecine et Armées, n°43(4):375-85, octobre 2015.
[104] Article L4121-4 du code de la Défense.

libres[105]. À côté de cela, il lui a été rendu de nombreux droits, visant le respect de sa vie privée, comme le fait de se marier sans l'autorisation du ministre[106].

Toujours est-il, le droit au respect de la vie privée est largement consacré. Il se retrouve à l'article 9 du Code civil, à l'article 8 de la Convention européenne des droits de l'homme ou, encore à l'article 7 de la Charte des droits fondamentaux de l'Union européenne. En ce qui concerne la constitutionnalisation de ce droit, il a d'abord été, en 1995, rattaché, par le Conseil constitutionnel, à la liberté individuelle garantie par l'article 66 de la Constitution[107], pour finalement être rattaché, en 1999, à l'article 2 de la Déclaration des droits de l'homme et du citoyen de 1789[108]. Ce droit est alors largement protégé et dans son acception originelle, « *il fournit d'abord une protection contre une intrusion dans l'intimité des personnes, qu'elle soit le fait de l'État ou des tiers. Ainsi conçue, la vie privée est étroitement liée au domicile, à la correspondance, aux relations intimes, dont il faut préserver le secret* »[109].

---

[105] Article L4121-2 du code de la Défense.

[106] Abrogation de la loi n° 72-662 du 13 juillet 1972 portant statut général des militaires par la loi n° 2005-270 du 24 mars 2005. Cette loi voulait que le mariage des militaires soit soumis à autorisation du ministre, article 14 abrogé « *Les militaires peuvent librement contracter mariage. Doivent, cependant, obtenir l'autorisation préalable du ministre : 1° (Supprimé). 2° Lorsque leur futur conjoint ne possède pas la nationalité française, les militaires en activité de service ou dans une position temporaire comportant rappel possible à l'activité, à l'exception des personnels servant au titre du service national ; 3° Les militaires servant à titre étranger* ». Mais une restriction est toujours prévue à l'article L4142-4 du code de la Défense « *Pendant les cinq premières années de son service actif, le militaire qui sert à titre étranger doit obtenir l'autorisation du ministre de la défense pour contracter mariage ou conclure un pacte civil de solidarité. Cette autorisation ne peut être refusée que pour des motifs tirés de l'intérêt de la défense nationale* ».

[107] Conseil constitutionnel, n° 94-352 DC, 18 janvier 1995. Le Conseil constitutionnel jugera « *que la méconnaissance du droit au respect de la vie privée peut être de nature à porter atteinte à la liberté individuelle* ».

[108] Conseil constitutionnel, n° 99-416 DC, 23 juillet 1999, relative à la loi portant création d'une couverture maladie universelle.

[109] Vincent MAZEAUD, « La constitutionnalisation du droit au respect de la vie privée », Nouveaux cahiers du Conseil Constitutionnel n°48 (Dossier : vie privée), juin 2015, pages 7 – 20.

La jurisprudence constitutionnelle consacre trois composantes traditionnelles à la vie privée « *l'inviolabilité du domicile privé, le secret des correspondances et le respect de la vie privée* »[110], dès lors, il ne paraît pas excessif de rattacher le droit de prendre une substance délivrée en pharmacie au droit au respect à la vie privée. Le soldat a alors le droit de consommer des psychostimulants et par conséquent, de participer lui-même à son augmentation, cela relève de son droit au respect de sa vie privée.

Cependant, il est intéressant de constater que les termes « vie privée » ne sont pas mentionnés une seule fois dans le code de la Défense ou encore dans le code d'honneur du soldat. Par contre, par six fois, le code de la Défense mentionne l'expression « vie publique »[111]. Le soldat ne tourne pas son action vers la sphère privée, mais bien vers la sphère publique. Il n'est plus un individu « lambda » mais devient la force armée de l'État et donc par nature abandonne, une bonne partie de sa vie privée à la vie publique. L'article 3 du code d'honneur du soldat exacerbe cette observation, « *Toujours disponible et discipliné, je suis exemplaire dans mon comportement comme dans ma tenue* », le soldat doit nécessairement faire des concessions en termes de vie privée, ce qui rend flou son droit à la protection de la vie privée. Sa vie privée semble, à certains égards, protégée par le droit national et international mais sa condition de soldat laisse planer un doute. « *Il ne peut y avoir ingérence d'une autorité publique dans l'exercice de ce droit que pour autant que cette ingérence est prévue par la loi et qu'elle constitue une mesure qui, dans une société démocratique, est nécessaire à la sécurité nationale, à la sûreté publique, au bien-être économique du pays, à la défense de l'ordre et à la prévention des infractions pénales, à la protection de la santé ou de la morale, ou à la protection des droits et libertés d'autrui* »[112], mais ce qui est troublant, dans le

---

[110] Conseil constitutionnel, n°2004-492 DC, 2 mars 2004 ; Conseil constitutionnel, n°2014-420/421 QPC, 9 octobre 2014.

[111] Il serait hâtif et hasardeux de se lancer dans une comparaison entre vie privée et vie publique, car les termes « vie publique » sont employés, dans le code de la Défense, dans le cadre de la haute autorité pour la transparence de la vie publique et notamment la transparence patrimoniale pour les militaires nommés à un certain niveau hiérarchique.

[112] Article 8§2 CEDH.

cadre du soldat, est la possibilité d'une ingérence dans la vie privée, causée par la nécessité de sécurité publique.

Force est de constater que le principe de respect de la vie privée du soldat peut le protéger et lui permettre de s'augmenter grâce à des psychostimulants qu'il peut acheter sans prescription médicale, même si ce droit n'est pas intangible.

Il semble que le soldat conserve une certaine protection de sa vie privée, malgré des ingérences pouvant être justifiées par une nécessité de sécurité publique. Cependant, une deuxième question se pose quant au respect du secret médical du soldat face à son augmentation dans le monde civil (2).

### 2. *Le respect du secret médical civil du soldat*

La notion de secret médical du soldat est ici analysée sous l'angle du militaire, dans sa vie civile, avec son médecin traitant ou alors tout médecin qu'il va consulter. Si un médecin prescrit à un militaire en permission, ou simplement dans la vie civile, du Modafinil ou de la Ritaline afin de stimuler son attention, sa concentration ou encore son temps de réaction, y a-t-il un devoir d'information de la part du médecin civil envers le médecin militaire ? Ou encore y a-t-il un devoir d'information du soldat envers le médecin militaire ? Ces questions mettent en avant le devoir que doivent remplir tous professionnels de santé, le devoir de secret médical. Ce secret médical concerne « *toute personne prise en charge par un professionnel de santé, un établissement ou service, un professionnel ou organisme concourant à la prévention ou aux soins dont les conditions d'exercice ou les activités sont régies par le présent code, le service de santé des armées, un professionnel du secteur médico-social ou social ou un établissement ou service social et médico-social (...)* »[113] et « *excepté dans les cas de dérogation expressément prévus par la loi, ce secret couvre l'ensemble des informations concernant la personne, venues à la connaissance du professionnel, de tout membre du personnel de ces établissements, services ou organismes et de toute autre personne en relation, de par ses*

---

[113] Article L.1110-4 CSP.

*activités, avec ces établissements ou organismes. Il s'impose à tous les professionnels intervenant dans le système de santé* »[114].

D'emblée il apparaît que le service de santé des armées ne fait pas exception à ce principe. Cependant, l'alinéa 3 de ce même article peut apporter un doute quant à l'étanchéité du secret médical entre le médecin civil et le médecin militaire. « *Un professionnel peut échanger avec un ou plusieurs professionnels identifiés des informations relatives à une même personne prise en charge, à condition qu'ils participent tous à sa prise en charge et que ces informations soient strictement nécessaires à la coordination ou à la continuité des soins, à la prévention ou à son suivi médico-social et social* », c'est la notion du secret partagé permettant « *la continuité des soins et la recherche d'une meilleure prise en charge thérapeutique* »[115]. L'équipe de soins a été définie par la loi de santé du 26 janvier 2016 comme « *un ensemble de professionnels qui participent directement au profit d'un même patient à la réalisation d'un acte diagnostique, thérapeutique, de compensation du handicap, de soulagement de la douleur ou de prévention de perte d'autonomie, ou aux actions nécessaires à la coordination de plusieurs de ces actes* », le médecin militaire et le médecin civil ne semblent pas appartenir à la même équipe de soins, lorsque dans le cadre d'un rendez-vous médical, un médecin civil prescrit des antidépresseurs ou des psychostimulants à son patient. La communication d'informations ne pourrait alors se réaliser que dans le cas énoncé à l'alinéa 5 du même article « *le partage, entre des professionnels ne faisant pas partie de la même équipe de soins, d'informations nécessaires à la prise en charge d'une personne requiert son consentement préalable, recueilli par tout moyen, y compris de façon dématérialisée, dans des conditions définies par décret pris après avis de la Commission nationale de l'informatique et des libertés* », autrement dit il faudrait que le militaire consente à la communication des informations et donc à la levée du secret médical. Sachant qu'en tout état de cause « *la personne est dûment informée de son droit d'exercer une opposition à*

---

114 *Ibid.*

115 Explication du professeur Bernard HOERNI, professeur émérite en cancérologie.

*l'échange et au partage d'informations la concernant. Elle peut exercer ce droit à tout moment* »[116]. Le secret médical semble être parfaitement protégé, il semblerait, qu'une fois de plus, le soldat puisse participer à son augmentation.

Seulement, la visite périodique, au sein du service de santé des armées, offre un questionnaire que le militaire doit remplir. Y est notamment demandé « *depuis la dernière VMP*[117] *avez-vous vécu un événement notable : (...) traitement médical ?* »[118], sachant que leur devoir de sincérité est mis à l'épreuve « *Je soussigné (e), déclare avoir répondu de façon sincère au présent questionnaire et ne pas avoir connaissance de troubles de mon état de santé autre que ceux signalés* »[119]. Dès lors, il ne revient pas au médecin civil de lever le secret médical qui le lie au militaire mais il revient au militaire d'être honnête quant aux traitements qu'il prend ou a pu prendre. Le médecin militaire avisera en fonction des données récoltées, mais toujours est-il, le soldat ne pourra s'augmenter sans que cela ne se sache.

Mis à part la prise de substances visant à l'augmentation invasive des soldats, une autre manière de s'augmenter a fait son apparition. Il s'agit des opérations relatives à l'acuité visuelle, visant à augmenter la vue plus qu'à la guérir. Il est, en effet, non seulement possible de guérir un problème de vue, ce qui est bénéfique pour le soldat, mais encore d'augmenter sa vision au-delà de ce qui relève de la « norme ». Ces nouvelles opérations ne sont pas sans incidence dans le domaine militaire (§2).

---

[116] Article L.1110-4 alinéa 7 du CSP.
[117] VMP : Visite médicale périodique.
[118] Etat-Major des Armées, Instruction n°1700/DEF/DCSSA/PC/MA relative à la détermination et au contrôle de l'aptitude médicale à servir du personnel militaire du 31 juillet 2014, Bulletin officiel des armées, édition chronologique n°51, 17 octobre 2014.
[119] *Ibid.*

### *§2 – Les opérations relatives à l'acuité visuelle, participant de la remise en cause du principe d'égalité et de non-discrimination*

Les opérations relatives à l'acuité visuelle permettent d'obtenir une meilleure vision. Avec le développement de la médecine, ces opérations peuvent à la fois guérir la myopie ou encore l'hypermétropie, par exemple, mais elles peuvent aussi performer la vision voire l'augmenter (A). Dans ces situations, les candidats souhaitant devenir soldats pourraient avoir recours à ces opérations et donc provoquer des inégalités ou encore des discriminations à l'égard d'autres candidats n'ayant pas eu la possibilité d'y recourir (B).

#### A. <u>Les opérations relatives à l'acuité visuelle : entre guérison et augmentation</u>

La frontière entre la guérison d'une malformation de la cornée et le désir d'augmenter sa vision est très fine (1) et entraîne nécessairement, chez les soldats, une tentation vers l'augmentation de l'acuité visuelle, ce qui est nécessairement une étape de plus vers l'augmentation du soldat et révèle davantage le manque de cadre juridique en la matière (2).

##### *1. La frontière entre la guérison et l'augmentation du soldat*

Les opérations visant à soigner une déficience visuelle se développent et sont plus performantes. Dès lors, il est possible de laisser tomber les lunettes ou les lentilles pour obtenir une acuité visuelle égale à 10/10ème. Ainsi, le laser qui va venir façonner la cornée afin de la réparer peut tout à fait la façonner, si bien, qu'il permet au patient d'obtenir une acuité visuelle égale à 12, 13 ou encore 14/10ème. Toute la question qui se pose est la limite, car si on admet que le 10/10ème est la norme au niveau d'une parfaite acuité visuelle alors guérir le soldat pour lui permettre d'obtenir une acuité visuelle de 14/10ème devient une augmentation. Monsieur Gérard de Boisboissel a relevé dans un colloque organisé en 2019, que cette technique pour améliorer la vision des soldats « *semble avoir déjà été effectuée dans certaines armées étrangères sur des volontaires* ». Il ne s'agirait pas encore d'une acuité visuelle diurne comme celle de certains rapaces ou félins, créant des soldats mutants[120], mais d'une acuité visuelle augmentée par un système permettant, tout d'abord, de guérir des patients présentant une altération de la vision, mais également d'augmenter la capacité visuelle d'un soldat possédant une vision égale à 10/10ème.

Il faut savoir que le militaire, avant son entrée au sein de l'armée, doit se plier à une série de tests médicaux afin de déterminer son aptitude à servir son pays. L'admission comporte une classification nommée SIGYCOP où il lui sera attribué une note de 1 à 5 ou 6 par secteur. La lettre Y correspondant à la note relative à la vision. L'armée de l'air requiert une note de 10/10ème pour ses pilotes, sans correction ni opération. Pour les autres corps d'arme, l'acuité visuelle est également primordiale. Tout soldat myope ou hypermétrope pourrait entreprendre une opération et ainsi augmenter sa capacité visuelle au-delà même de la simple guérison, il pourrait s'agir d'une réelle augmentation. De plus, il s'agirait là, d'une augmentation irréversible sur la physiologie du corps, augmentation irréversible qui n'est nullement mentionnée dans les lignes rouges à ne pas franchir, décrites par le Comité d'éthique de la Défense dans son avis sur le soldat augmenté. En effet, cette augmentation ne serait pas de « *nature à diminuer la maîtrise de l'emploi de la force ou provoquer une perte d'humanité* » (puisque certains hommes et certaines femmes ont naturellement une acuité visuelle de 12, 13 ou encore 14/10ème), elle ne « *porterait pas atteinte au libre arbitre* » du soldat, elle ne pourrait conduire le militaire « *à s'affranchir de ses obligations disciplinaires* », elle ne concerne pas, stricto sensu une pratique « *eugénique ou génétique* », elle ne mettrait pas en péril « *l'intégration dans la société ou le retour à la vie civile* », enfin cette pratique a fait l'objet d'étude préalable et opère dans le milieu civil[121]. Il apparaît, alors, que cette opération, visant à guérir une anomalie de la cornée, peut s'avérer devenir une

---

[120] Eric POURCEL, « L'avenir du soldat est-il celui de l'homme augmenté ? », Revue Défense Nationale, 2018/5, n°810, pages 72 à 77.

[121] Comité d'éthique de la Défense, « Avis portant sur le soldat augmenté », des lignes rouges à ne pas franchir, page 28-29, *op.cit.*

augmentation accessible au soldat, afin d'améliorer son acuité visuelle. Cette augmentation semble parfaitement acceptée et approuvée. Cependant, la frontière entre guérison et augmentation semble dépassée, le soldat peut tout à fait participer à son augmentation en obtenant une meilleure acuité visuelle. Encore une fois, toute la question est celle de la limite à ne pas dépasser, limite qui n'est pas juridiquement fixée en la matière.

Il semble indéniable que la tentation du soldat, quant à la possibilité d'augmenter son acuité visuelle, sera si forte, qu'il sera difficile d'y résister (2).

### *2. La tentation de l'augmentation par l'augmentation de l'acuité visuelle*

L'opération relative à l'acuité visuelle afin d'obtenir une meilleure vision semble être une réelle tentation du militaire. En effet, un sondage[122] réalisé par Axel Auger et Gérard de Boisboissel auprès des élèves-officiers des Écoles de Saint-Cyr Coëtquidan et de leurs cadres est très parlant. La question posée était celle-ci « *vous avez la volonté de vous engager en tant que tireur d'élite. La moyenne des acuités visuelles de ces spécialistes est de 14/10ème. Or vous avez 10/10ème. L'Armée vous offre une opération des yeux (anthropotechnie) vous permettant, sans effets secondaires connus, d'acquérir une acuité de 14/10ème, mais cette opération est irréversible. La faites-vous ?* ». C'est alors, en moyenne 80 % des élèves-officiers qui répondent par la positive et même 89 % pour les nouveaux intégrants. Pour les cadres, le nombre de réponses positives s'élève à 51 %, ce qui n'est pas une adhésion pleine et entière mais n'est pas à dénigrer non plus.

Il apparaît clairement que cette forme d'augmentation invasive et irréversible n'effraie pas l'armée, ou du moins les élèves-officiers. Il est vrai que cette opération ne paraît pas éthiquement blâmable car elle performe la vision du soldat, sans

---

[122] Axel AUGÉ, Gérard de BOISBOISSEL « L'acceptabilité relative de l'augmentation technique des performances physico-cognitives du combattant. Enquête auprès des élèves-officiers et de leurs cadres aux Écoles de Saint-Cyr Coëtquidan », *in* Tétralogiques, n°25, La déconstruction du langage.

entraver sa nature humaine profonde. Cependant, force est de constater qu'il y a une « *banalisation des technologies invasives en provenance du monde civil, comme les puces sous-cutanées, les dispositifs ou les substances susceptibles d'accroître l'efficacité opérationnelle ou encore l'acuité visuelle, il ressort que l'acceptabilité de la technologie au combat va croître* »[123]. Ce sondage révèle une acceptation, de la part des soldats à venir, des augmentations invasives ; augmentation commençant par la vision mais pouvant aller jusqu'à la nature profonde de l'homme. Même si les opérations concernant l'acuité visuelle ne sont pas des technologies, elles participent de l'augmentation du soldat et donc forment un tout dans l'acceptabilité progressive de l'augmentation du soldat.

Cependant, cette opération a un coût. Du point de vue de l'armée, les candidats ayant subi une opération visuelle doivent « *satisfaire à un examen ophtalmologique spécifique auprès des chefs de service ophtalmologie des hôpitaux d'instruction des armées* »[124], sachant qu'ils ne peuvent réaliser cet examen « *qu'un an après leur opération* »[125]. L'armée pose certaines conditions, pour s'assurer notamment de la validité et de l'efficacité de l'opération effectuée. Il y a une forme de prudence, qu'elle met en avant avec ce délai d'une année à respecter et cet examen spécifique. D'un tout autre point de vue, médical cette fois-ci, il faut comprendre que l'acuité visuelle supérieure à 10/10ème ne s'acquiert pas si facilement. Le Docteur Damien Gatinel, diplômé en ophtalmologie, en chirurgie de la cataracte, en chirurgie réfractive et en optique clinique, explique que pour bénéficier d'une acuité visuelle de 20/10ème il faut « *que l'œil soit parfaitement corrigé sur le plan optique : les lunettes ne corrigent que les défauts dits de "bas degré" et certains autres défauts (aberrations de haut degré) peuvent faire "perdre" quelques lignes d'acuité visuelle. Il faut également que la rétine (la fovéa) soit en parfait état (absence d'anomalie maculaire), et que la densité en cônes (nombre de photorécepteurs par mm2)*

---

[123] *Ibid.*

[124] Visite Médicale de l'Armée – Test d'Aptitude Médicale – S'engager Recrutement Armée, *in* Recrutement Armée. com.

[125] *Ibid.*

*soit suffisamment élevée : or, des variations importantes ont été mesurées entre les yeux de différents individus (de 100 000 cônes par mm2 à plus de 200 000 cônes par mm2 au centre de la fovéa)* »[126]. Sans être ophtalmologue ou chirurgien, il paraît évident qu'il n'est pas facile de réunir toutes ces conditions. Il ne semble pas si évident de proposer une opération permettant d'acquérir une acuité visuelle de 20/10ème. Mais il paraît évident qu'il sera possible d'y venir car si nous arrivons pour l'heure à corriger une anomalie de la cornée pour permettre une acuité visuelle de 10, 11 ou 12/10ème, demain nous pourrons améliorer l'acuité visuelle pour parvenir au 20/10ème.

Ces opérations relatives à l'acuité visuelle engendrent des questions relatives aux principes phares de la non-discrimination ou de l'égalité. Y aurait-il une discrimination envers les soldats opérés et au contraire envers ceux n'ayant pas fait l'objet d'une opération visuelle ? Est-ce que le principe de non-discrimination ou encore celui d'égalité seraient respectés ? (B)

### B. Les opérations relatives à l'acuité visuelle et les principes d'égalité et de non-discrimination

Comme l'a dit Raymond Odent le principe d'égalité « *exige que toutes les personnes placées dans des situations identiques soient soumises au même régime juridique, soient traitées de la même façon, sans privilège et sans discrimination* »[127]. Le candidat qui souhaite entrer dans l'armée doit pouvoir être sélectionné au regard des critères SIGYCOP[128], critères qui sont posés et donc placent tous les candidats dans une situation d'égalité d'évaluation. Physiquement, ils ne sont pas égaux

[126] Docteur Damien GATINEL, « Comment peut-on avoir plus de 10/10ème d'acuité visuelle ? », *in* gatinel. com, septembre 2013.

[127] Raymond ODENT, Contentieux administratif, Dalloz, Titre II, page 353.

[128] Selon l'article L4132-1 du code de la Défense « *Nul ne peut être militaire s'il ne présente les aptitudes exigées pour l'exercice de la fonction* ». Ces aptitudes sont référencées grâce à l'acronyme SIGYCOP,
signifiant : S : ceinture scapulaire et membres supérieurs, I : ceinture pelvienne et membres inférieurs, G : état général, Y : yeux et vision, C : sens chromatique (capacité à identifier les couleurs), O : oreille et audition,
P : psychisme.

(l'entraînement ou les dispositions naturelles par exemple) mais l'augmentation, par nature non naturelle, les placerait dans une situation inégalitaire. L'augmentation du candidat par l'opération visuelle serait une nouvelle donnée à prendre en compte lors de la sélection du futur soldat et pourrait remettre en cause les principes d'égalité (1), et de non-discrimination (2).

### *1. Le principe d'égalité face à l'augmentation des soldats*

Le professeur Rivero disait du principe d'égalité « *le pilier de l'égalité, à son sommet, s'épanouit et se diversifie, tels ces piliers de cathédrales qui évoquent la ligne du palmier, en un bouquet de nervures dont chacune supporte sa part de la voûte* »[129].

Ce principe d'égalité est un principe largement consacré en France. Il se retrouve à l'article 1er, et à l'article 6 de la Déclaration universelle des droits de l'homme et du citoyen de 1789 ou encore à l'article 1er de la Constitution de 1958. C'est un principe à valeur constitutionnelle depuis la décision du 27 décembre 1973 qui reconnaît la Déclaration universelle des droits de l'homme et du citoyen de 1789, comme relevant du bloc de constitutionnalité[130]. Ce principe est, comme l'exprime Tocqueville, « *une passion ardente, insatiable, éternelle et invincible* »[131]. Ce principe impose de traiter avec égalité, des personnes placées dans la même situation[132]. Autrement dit, les personnes se plaçant dans la même situation doivent être traitées de la même façon. La question est : est-ce que les soldats ayant vécu une augmentation par une opération visuelle et ceux ne l'ayant pas vécue sont placés dans la même situation et donc sont susceptibles de vivre ou non une rupture d'égalité dans leur recrutement au sein de l'armée ?

---

[129] Jean RIVERO, *Rapport sur les notions d'égalité et de discrimination en droit public français*, Travaux de l'Association Henri Capitant, tome XIV, années 1961-1962, éditions Dalloz, 1965, page 841.

[130] Conseil Constitutionnel, *déc.* n° 73-51 DC, relative à la loi de finance de 1974, 27 décembre 1973.

[131] Alexis de TOCQUEVILLE, *De la démocratie en Amérique*, édition GF-Flammarion, 1981, Paris, page 122.

[132] À ce propos, voir CE *déc.*, n°88032 88148, Denoyez et Chorques, 10 mai 1974 ou CE *déc.*, n°157425, Commune de Gennevilliers, 29 décembre 1997.

La situation de fait est que des candidats désirent s'engager au sein de l'armée. À ce moment-là, une sélection de faits se produit, c'est-à-dire que lors de la visite médicale certains seront considérés comme aptes à servir la France en tant que militaire et d'autres non. Autrement dit, dans une même situation – c'est-à-dire une volonté commune de rejoindre l'armée avec des critères de sélection identiques pour tous – les candidats doivent être traités de la même façon et donc sont déclarés aptes ou non en fonction de critères identiques. Ici, aucune rupture d'égalité n'est observée. Maintenant, observons la situation d'un candidat qui a vécu une opération visuelle et dont l'acuité visuelle est désormais de 14/10ème. Ici, face à un candidat qui n'aurait pas subi une telle opération, la situation est nettement et incontestablement différente. En l'espèce, les candidats ne seraient pas placés dans la même situation de fait car, un serait augmenté et l'autre non. Tout porte à croire qu'ici le choix de l'un ou l'autre des candidats ne remettrait pas en cause le principe d'égalité. Leur situation étant différente, le principe d'égalité ne pourrait être invoqué. Dès lors, il apparaît que le principe d'égalité ne serait pas bafoué puisqu'il ne pourrait opérer dans des situations nettement différentes.

Du principe d'égalité découle le principe de non-discrimination. Ce qui est intéressant est de constater que là où le principe d'égalité n'est pas bafoué, celui de non-discrimination peut l'être dans le cadre de la sélection entre deux candidats, l'un ayant été opéré et l'autre ne l'ayant pas été (2).

### *2. Le principe de non-discrimination après l'opération relative à l'acuité visuelle*

Le principe de non-discrimination est défini par l'article 1er de la loi du 27 mai 2008[133]. Cette loi définit la discrimination directe comme « *la situation dans laquelle, sur le fondement de son origine, de son sexe, de sa situation de famille, de sa grossesse, de son apparence physique, de la particulière vulnérabilité résultant de sa situation économique, apparente ou connue de son auteur, de son patronyme, de son lieu de résidence ou de sa domiciliation bancaire, de son état de santé, de sa perte d'autonomie, de son handicap, de ses caractéristiques génétiques, de ses mœurs, de son orientation sexuelle, de son identité de genre, de son âge, de ses opinions politiques, de ses activités syndicales, de sa capacité à s'exprimer dans une langue autre que le français, de son appartenance ou de sa non-appartenance, vraie ou supposée, à une ethnie, une nation, une prétendue race ou une religion déterminée, une personne est traitée de manière moins favorable qu'une autre ne l'est, ne l'a été ou ne l'aura été dans une situation comparable* ». La situation médicale relève des motifs susceptibles de faire l'objet d'une discrimination. Enfin, l'article 14 de la Convention européenne des droits de l'homme consacre l'interdiction de la discrimination.

Ce principe est alors très largement consacré et doit être strictement appliqué. Cependant, il ne faut pas interpréter trop vite le refus d'une candidature pour l'armée, pour état de santé incompatible avec la fonction et les exigences du métier de soldat. Il ne s'agit pas ici, d'une discrimination mais seulement d'un choix nécessaire de l'armée, de recruter des femmes et des hommes ayant un état de santé compatible avec les missions qu'ils seront amenés à accomplir. La discrimination pourrait opérer si lors de la sélection des soldats, la seule acuité visuelle de plus de 10/10ème était demandée ou si l'opération visuelle était la seule façon d'entrer au sein de l'armée, pour devenir tireur d'élite, par exemple. Cela voudrait dire, qu'un candidat ayant

---

133 Loi n° 2008-496, 27 mai 2008 portant diverses dispositions d'adaptation au droit communautaire dans le domaine de la lutte contre les discriminations.

naturellement une acuité visuelle de 10 ou 11/10ème ne pourrait être recruté alors même qu'il aurait la capacité indéniable de tirer avec précision. En effet, il subirait une discrimination par le seul fait qu'il n'aurait pas été opéré. Or, comme le rappelle Sandrine Turgis « *dignité de la personne, protection de l'intégrité physique, respect de la vie privée et non-discrimination sont ainsi les pierres d'angle du cadre dans lequel l'augmentation du soldat doit être pensée et conçue* »[134], la non-discrimination doit être une pierre angulaire dans l'augmentation du soldat sinon l'armée ne sera composée que de soldats augmentés, délaissant ainsi les soldats, tout court.

---

[134] Sandrine TURGIS, « Regard juridique sur le suivi d'une augmentation invasive sur une personne, au fil de sa vie de militaire et au-delà », *in* Portail universitaire du Droit, Paris, 19 juin 2017.

Ainsi, l'augmentation invasive du soldat remet largement en cause un certain nombre de principes juridiques consacrés. Cette augmentation invasive est exclusivement médicalisée, ce qui lui permet finalement d'être à la fois plus simple à mettre en place et semble légitime. La médicalisation de l'augmentation du soldat laisse entrer une figure phare qui lie à la fois le côté militaire et le côté médical : le médecin militaire. Le médecin militaire devient une figure emblématique dans l'augmentation du soldat et il devra nécessairement prendre la place qui lui revient dans cette augmentation grandissante des capacités du militaire (chapitre 2).

# CHAPITRE 2

# LE MÉDECIN MILITAIRE AU CŒUR DES PROBLÉMATIQUES ÉTHIQUES SUR LE SOLDAT AUGMENTÉ

Le médecin militaire est un acteur majeur de l'augmentation du soldat, ce qui lui confère une place centrale en ce qui concerne les problématiques éthiques sur le soldat augmenté. C'est-à-dire qu'il prend à la fois la place qui lui revient dans l'augmentation des soldats, mais aussi la place qui lui revient dans la gestion éthique de l'augmentation. Le médecin militaire est un acteur central car il est cette double concentration du soignant et du militaire. Il est celui qui accompagne le soldat dans la gestion de sa santé mais aussi celui qui est son frère d'armes. Il est le sachant, donc il connaît les limites des soldats, et celui qui joue un rôle crucial dans le recrutement du candidat au métier des armes. Il joue alors un rôle central dans l'augmentation du soldat, aux côtés du premier augmentateur – l'industrie de l'armement, la Nation ou le soldat lui-même – ce qui pourrait lui octroyer le surnom de co-augmentateur (section 1). Mais il joue, également, le rôle, ou du moins, il doit jouer le rôle de garant éthique de l'augmentation du soldat, grâce à un veto éthique, qu'il se doit d'opposer à toutes décisions excessives d'augmentation (section 2).

## SECTION 1 – Le rôle du médecin militaire dans l'augmentation des soldats

Dans l'augmentation du soldat, le rôle de sachant du médecin militaire est primordial pour le commandement et pour le combattant. Le médecin militaire possède un savoir qui permet tout à la fois de conseiller le commandement et de protéger le combattant. Ce rôle de sachant du médecin militaire pouvant entraîner une forme de paternalisme médical, est raisonné par la posture particulière du médecin militaire (§1). Ce rôle de sachant semble détrôner, la mission première du médecin militaire, celle de soigner. Ce médecin militaire voit alors son office profondément changé et devient un réel co-augmentateur du soldat (§2).

### *§1 – Le rôle de sachant du médecin militaire*

Le médecin militaire est à la fois médecin et militaire, cette double casquette lui permet de se positionner comme expert médical. En effet, il est sachant et par conséquent son savoir est très utile dans le domaine de l'augmentation invasive du soldat. Cette posture lui permet tout à la fois de conseiller le commandement et de protéger le combattant, et il s'impose alors comme médiateur de ce partenariat (A). En tant que sachant, le médecin militaire pourrait faire naître une forme de paternalisme médical, qui lui permettrait de s'imposer face au commandement et au combattant, mais la double casquette du médecin militaire entraîne un frein à ce paternalisme (B).

#### A. Le médecin militaire, médiateur du partenariat combattant-commandement

« *(...) La gestion des augmentations est un partenariat entre combattant et commandement dans lequel le médecin est un médiateur ayant pour seul souci la protection de la santé, quelle que soit la position des uns et des autres* »[135]. Endossant son rôle de sachant, le médecin militaire peut, tout à la fois, conseiller le commandement (1) et protéger le combattant (2).

##### *1. Le médecin militaire, conseiller du commandement*

« *L'éthique du médecin militaire lui interdit de participer à la création de l'augmentation* »[136], cette interdiction éthique prend vie dans son devoir de soigner et non pas d'augmenter. Cependant, le médecin militaire, dans son rôle de médecin, a le devoir d'informer les profanes. Il endosse alors son rôle de sachant et dans le cadre de l'augmentation du soldat, il va devoir

---

135 Frédéric CANINI, « Éthique médicale et homme augmenté : quelques pistes de réflexion », Cahier Revue Défense Nationale, n° 181-9, 2017.

136 Jean-Pierre BAËCHLE, Mémoire « Médecin militaire et soldat augmenté : un avatar d'une double loyauté », 2021, page 54, *op.cit.*

conseiller le commandement. Afin d'atteindre les objectifs fixés, afin de réussir la mission, le médecin militaire pourrait se voir attribuer, dans le cadre de l'augmentation du soldat, le rôle de conseiller en matière d'augmentation.

L'article R. 4127-35 du code de la santé publique dispose en son alinéa premier « *le médecin doit à la personne qu'il examine, qu'il soigne ou qu'il conseille une information loyale, claire et appropriée sur son état, les investigations et les soins qu'il lui propose (...)* », cet article est corroboré par l'article 6 du décret fixant les règles de déontologie propres aux praticiens des armées « *le praticien des armées doit à celui ou celle qu'il examine, qu'il soigne ou qu'il conseille une information loyale, claire et appropriée sur son état, les investigations et les soins qu'il lui propose* »[137]. Le rôle de conseil du médecin fait partie intégrante de son office. Dans le cadre de l'augmentation du soldat, c'est le médecin qui détient le savoir et c'est à lui que naturellement, le commandement se référera pour connaître les bénéfices et les risques incombant à telle ou telle augmentation invasive. « *Leur interdiction (par le médecin militaire) sera indéfendable dans un contexte critique pour le soldat (...) Si l'amélioration d'un individu en bonne santé n'est pas un soin, qui d'autre que lui sera en mesure d'accompagner l'amélioration ? Il est donc de leur devoir de veiller à ce que les effets de l'augmentation soient sous contrôle (...) Et qu'elles soient utilisées avec le ratio bénéfice/risque le plus élevé possible pour le combattant* »[138]. Selon le commandement, il relève alors du devoir du médecin militaire d'être le conseiller et le surveillant de l'augmentation du soldat, comme il relève du devoir du commandement d'être le preneur de la décision en justifiant la fin par les moyens.

D'ailleurs, l'avis du Comité d'éthique de la défense[139] dispose, en sa recommandation n°5 que l'augmentation du soldat doit bénéficier « *de l'accompagnement du service de santé des armées* », qu'il appartient « *au commandement de décider du*

---

[137] Décret n° 2008-967, 16 septembre 2008, fixant les règles de déontologie propres aux praticiens des armées.

[138] Olivier PINARD, Gérard de BOISBOISSEL, « What are the ethical limits to the fighter enhancement ? », *in* Revue, Magdalena Enhancing soldiers : A European ethical approach, Paris, CReC/ EuroISMA, 2019, page 150.

[139] Avis sur le soldat augmenté, pages 24-25, *op. cit.*

*concept d'emploi et d'ordonner la mise en œuvre* » de l'augmentation, sachant que « *l'information préalable du militaire au regard des risques induits par telle ou telle augmentation est indispensable* » et cela « *même lorsque le commandement fait le choix d'ordonner l'augmentation sans consentement préalable* ». Il apparaît très clairement que le devoir d'information et de conseil du médecin militaire, du sachant, est absolument crucial dans la prise de décision du commandement, qui risquerait l'augmentation sans consentement préalable. Cet office du médecin militaire s'inscrit dans son rôle de conseiller pour qu'un choix éclairé, de la part du commandement, soit posé.

Même si le devoir d'information du médecin militaire est juridiquement inscrit et factuellement nécessaire, il n'en demeure pas moins que ce rôle de conseiller, par sa position de sachant, ne doit pas remettre en question son devoir de protecteur à l'égard du combattant (2).

### 2. *Le médecin militaire, protecteur du combattant*

Le deuxième office du médecin militaire dans l'augmentation du soldat est un devoir de médecin, un devoir de protection du soldat. L'article 4 du décret fixant les règles de déontologie propres aux praticiens des armées dispose « *il écoute, examine, conseille ou soigne avec la même conscience et le même dévouement toute personne, quelles que soient son origine, sa condition, ses mœurs, son appartenance ou non à une ethnie, une nation ou une religion déterminée ou les sentiments qu'elle lui inspire* ». Dans ce contexte, le médecin militaire semble devoir se positionner contre l'augmentation du combattant car il doit « *exercer sa mission dans le respect de la vie, de la personne et de sa dignité. Il ne doit en aucun cas participer, même passivement, à des actions cruelles, inhumaines ou dégradantes* »[140] ; les augmentations invasives portant

[140] Article 4 du décret fixant les règles de déontologie propres aux praticiens des armées.

nécessairement atteinte à la dignité de la personne (nous y reviendrons).

Le décret n°2008 - 967 du 16 septembre 2008 fixant les règles de déontologie propre aux praticiens des armées précise en son article 6 que « *sauf urgence ou impossibilité, [le praticien] doit rechercher son consentement et respecter sa volonté en cas de refus après avoir averti des conséquences prévisibles de sa décision* ». L'urgence médicale et, en l'espèce, l'urgence militaire pourrait tout à fait justifier de passer outre le consentement du soldat. Le médecin militaire, dans son rôle de sachant connaît les limites du soldat, il connaît ses faiblesses et surtout il accompagne le militaire dans sa mission. Il est le mieux à même de savoir ce dont il a besoin et est très souvent confronté à l'urgence dans le soin. Il doit nécessairement prendre des décisions rapides et parfois sans le consentement du soldat. Le Colonel Nicolas Zeller exprime dans son ouvrage que le médecin militaire « *se tient prêt et s'expose dans sa chair et son esprit, pour porter secours aux combattants français et alliés* »[141]. Une nouvelle compétence du médecin semble émerger, il ne s'agira plus seulement de protéger le soldat en le soignant mais de le protéger en l'augmentant, c'est du moins ce que Frédéric Canini a pu relever « *le rôle du médecin est de protéger le combattant, quel que soit l'environnement dans lequel il se trouve. Cette protection se comprend comme l'association de la prévention du soin et de la réhabilitation. Or l'augmentation peut faire partie des environnements militaires. L'éthique du médecin est donc de veiller à ce que l'augmentation n'ait pas de retentissement négatif sur le combattant et que sa liberté de disposer de lui-même au regard de l'augmentation soit garantie* »[142]. Le médecin militaire, protecteur du combattant se retrouve être, à la fois, le protecteur de la santé du soldat et le protecteur de la vie du soldat par son augmentation.

Le rôle de sachant du médecin militaire le place au centre de la relation commandement-combattant, dans la question de l'augmentation du soldat. Il se doit alors de trouver un

[141] Nicolas ZELLER, *Corps et Âme*, Paris, Tallandier, 2021.

[142] Frédéric CANINI, « Ethique médicale et Homme augmenté : quelques pistes de réflexion », Revue Défense Nationale, n°2017/HS1, pages 181-189.

compromis entre son office de conseiller du commandement et son office de protecteur du combattant, c'est ici que naît son nouveau rôle. Cependant, cette tâche qui lui revient peut entraîner une forme de paternalisme médical, un paternalisme qui est raisonné par le contexte bien particulier dans lequel se trouve le médecin militaire (B).

## B. Le paternalisme médical raisonné du médecin militaire

D'après Gérald Dworkin, le paternalisme consiste dans « *une intervention sur la liberté d'action d'une personne, se justifiant par des raisons exclusivement relatives au bien-être, au bien, au bonheur, aux besoins, aux intérêts ou aux valeurs de cette personne contrainte* »[143]. Le paternalisme médical semble alors résulter de la posture de sachant du médecin dans la relation médecin-patient (1). Cependant, cette posture est tout autre quand il s'agit d'un médecin possédant la double qualification de médecin et de militaire (2).

### *1. La naissance du paternalisme médical : le médecin sachant*

La notion de paternalisme médical est née de la relation médecin-patient, sachant-profane. Louis Portes dira « *face au patient, inerte et passif, le médecin n'a en aucune manière le sentiment d'avoir à faire à un être libre, à un égal, à un pair qu'il puisse instruire véritablement [...] devant ce jouet qui pourrait être une proie facile, se déclenche chez le médecin [...] un réflexe de responsabilité totale, une volonté maxima d'inventer, de trouver une initiative que rien ne rebute pour sauver [...] devant cette passivité vulnérable du patient, nous sentons naître en nous le sentiment d'un lien sacré d'une obligation intérieure dont rien ne peut nous libérer, mais qui, en raison des circonstances, est épurée de toute contingence ; bref, d'une obligation strictement morale* »[144]. Le médecin est la personne la plus compétente pour déterminer de quels maux souffre le patient et donc un déséquilibre se crée. Le médecin, dans sa posture de sachant,

---

[143] Gerald DWORKIN, « Paternalism », *The Monist*, janvier 1972, page 65.
[144] Louis PORTES, « Du consentement du malade à l'acte médical », *in* A la recherche d'une éthique médicale, Paris, Masson & PUF, 1964, page 158.

prend le dessus et le patient s'en remet au savoir de son médecin. De nombreuses lois ont tenté de rééquilibrer cette relation afin de renforcer les droits des malades. À ce titre la loi Kouchner[145], la loi Leonetti[146], la loi du 5 juillet 2011 relative aux droits et à la protection des personnes faisant l'objet de soins psychiatriques[147] ou encore la loi Clayes-Leonetti[148] ont tenté d'élargir le domaine du consentement aux soins du malade et la prise en compte de sa volonté, notamment grâce aux directives anticipées et au renforcement du rôle de la personne de confiance. Ces lois ont permis, un certain, rééquilibrage de la relation médecin-patient grâce à l'écoute de la volonté du patient.

Cependant, force est de constater que le paternalisme médical est encore bien présent, si ce n'est omniprésent. En effet, le médecin demeurera toujours le sachant et le patient, le profane. L'article 1111-4 du code de la santé publique dispose que « *l'urgence et l'impossibilité* » de recueillir le consentement, sont susceptibles de permettre au médecin de réaliser un acte médical ou de délivrer un traitement. Aussi, cet article poursuit en disposant que « *lorsque la personne est hors d'état d'exprimer sa volonté, aucune intervention ou investigation ne peut être réalisée, sauf urgence ou impossibilité, sans que la personne de confiance prévue à l'article L. 1111-6, ou la famille, ou à défaut, un de ses proches ait été consulté* », il apparaît qu'une simple consultation de la personne de confiance, de la famille ou des proches est suffisante, il convient d'insister sur le fait que c'est une simple consultation et que la décision finale revient au médecin. De plus, l'article L. 1111-11 du code de la santé publique, en son alinéa 3 dispose « *les directives anticipées s'imposent au médecin pour toute décision d'investigation, d'intervention ou de traitement, sauf en cas d'urgence vitale*

[145] Loi n° 2002-303 du 4 mars 2002 sur les droits des malades et la qualité du système de santé, *op.cit.*

[146] Loi n° 2005-370 du 22 avril 2005 relative aux droits des malades et à la fin de vie.

[147] Loi n° 2011-803 du 5 juillet 2011 relative aux droits et à la protection des personnes faisant l'objet de soins psychiatriques et aux modalités de leur prise en charge.

[148] Loi n° 2016-87 du 2 février 2016 créant de nouveaux droits en faveur des malades et des personnes en fin de vie.

*pendant le temps nécessaire à une évaluation complète de la situation et lorsque les directives anticipées apparaissent manifestement inappropriées ou non conformes à la situation médicale* », alinéa jugé conforme à la Constitution par la décision n°2022-1022 QPC du 10 novembre 2022. Dès lors, il apparaît que le paternalisme médical demeure bien présent.

Le paternalisme médical dans le cadre de la relation médecin militaire/soldat semble nettement différent. En effet, du fait même de sa posture de médecin, mais militaire, une tout autre relation prend vie (2).

### 2. *Une posture différente du médecin militaire*

L'ancienne ministre des Armées, Madame Florence Parly a rappelé, dans un discours prononcé en 2020 à l'École de Santé des Armées de Lyon-Bron, que « *vous n'êtes pas des praticiens et des infirmiers comme les autres. Vous êtes militaires. Médecins et infirmiers avant tout, mais militaires aussi, et surtout. Alors ayez bien conscience que vous êtes ici pour faire de la médecine militaire et non pas de la médecine dans les armées. Soyez-en fiers* ». Les médecins militaires répondent alors à une double loyauté, ils sont tout à la fois soignants et militaires. Autrement dit, tout ce qui touche à l'augmentation du militaire, concerne directement le médecin car entre ces deux personnalités demeure un lien incommensurable, la protection de la vie et la proximité avec la mort[149]. Dès lors apparaît nécessairement une nouvelle relation entre le médecin et son patient. Le médecin partageant la condition, les risques et les souffrances de son patient, il lui est plus aisé de se mettre à sa portée, de le considérer comme frère d'armes, avant de le considérer comme profane.

Sur le terrain, médecins et militaires forment un seul groupe, un seul corps, « *le corps de troupe apparaît comme un organisme vivant qui possède toutes les caractéristiques d'un être obéissant à la loi commune avec une naissance sous forme d'un décret de création, une vie souvent mouvementée et une mort par décision ministérielle. Il a son chef, un état-major qui lui tient lieu de cœur*

---

[149] *Livre blanc de la défense nationale*, Paris, 2008, page 175.

*et de cerveau, des unités subordonnées qui agissent comme les membres, des services de soutien qui assurent son fonctionnement. Il se forme par l'instruction, se fortifie par les épreuves, il se perfectionne par l'entraînement. Il saigne quand il subit des pertes, il se reconstitue quand des renforts lui sont fournis* »[150]. Ainsi, il ne peut y avoir une relation paternaliste qui se crée, comme décrite ci-dessus. Le médecin militaire emprunte à la fois au statut de médecin et au statut de militaire, il fait partie de ce corps et ne peut se positionner autrement. Certes, il demeure médecin, et par conséquent il est sachant, mais il ne peut se positionner comme simple médecin car son statut de militaire le rappellera toujours à l'ordre. Il s'affirme davantage comme un protecteur médical que comme un paternaliste médical.

Dans l'augmentation du soldat, le médecin militaire est le sachant qui connaît, à la fois les soldats et leurs limites, à la fois les substances et leurs effets secondaires. Cependant, le médecin militaire est également le soignant, or en l'espèce, cette mission de soin semble être reléguée à la seconde place (§2).

### *§2 – Un rôle secondaire dans la mission de soigner le soldat*

L'office premier de soigner, du médecin militaire, est relégué à la seconde place, dans le cadre de l'augmentation du soldat (A). En effet, le médecin militaire devient un garant secondaire de la santé des soldats au profit d'une nouvelle mission, celle de co-augmentateur (B).

---

[150] Christian BENOIT, « Du corps dans le langage des militaires », *in* Corps 2014/1, n°12, pages 127-129.

### A. Un garant secondaire de la santé des soldats lors des missions

Le médecin militaire voit sa place de soignant détrônée. Cette place devient secondaire dans son rôle de médecin. En effet, l'augmentation du soldat fait apparaître une nouvelle gestion, par le médecin militaire, de la santé physique (1) et mentale du soldat (2).

#### *1. Une nouvelle gestion de la santé physique des soldats*

Les charges des soldats étant de plus en plus lourdes et la fatigue physique prenant rapidement le pas, la tentation de l'homme-robot est bien forte. La charge du soldat peut atteindre 100 kilogrammes, il faut ajouter à cela la chaleur de certains pays et la durée de la marche ; finalement un soldat peut se blesser au genou ou alors au dos alors même qu'aucun combat n'a été engagé. Pour le médecin militaire, il est difficile de garantir la bonne santé physique des militaires si leur paquetage devient leur plus grand ennemi. C'est alors que cette bonne santé physique va passer par des augmentations, non invasives, et qui garantiront le maintien en forme des soldats. Les robots humanoïdes se développent et notamment l'exosquelette. Cette forme d'augmentation du soldat semble louable pour le médecin militaire, elle va permettre d'aider les soldats sur le terrain à porter des charges devenues trop lourdes.

La France a développé des exosquelettes dits « passifs », c'est-à-dire, des exosquelettes qui « *fonctionnent par report de la charge au sol via un système de tiges et de rotules, par opposition à ceux dits « actifs », qui fonctionnent grâce à un moteur et consomme donc de l'énergie* »[151]. Ces exosquelettes sont constitués d'une colonne vertébrale flexible basée sur le corps du soldat, d'une ceinture qui permet la rotation au niveau de la taille et de jambes articulées et ergonomiques. Ces

---

[151] Agence de l'Innovation et de la Défense, « L'armée de terre explore les possibilités de l'exosquelette », *in* Ministère des Armée, 16 avril 2021.

exosquelettes, testés par « *trois régiments de l'armée de Terre (...) le 1er régiment de chasseurs parachutistes (1er RCP), le 17e régiment de génie parachutiste (17e RGP), et le 13e bataillon de chasseurs alpins (13e BCA)* »[152] présentent un intérêt majeur pour les soldats : permettre de limiter leur fatigue physique et les blessures causées par les charges trop lourdes.

Pour reprendre les mots de la chercheuse en bioéthique Pascale Lehoux « *la recherche qui se fait sur les exosquelettes est pour l'instant davantage axée sur l'augmentation des performances du corps et le dépassement de la normalité plutôt que sur le besoin de pallier un handicap* », l'exosquelette est bel et bien un moyen d'augmentation du soldat. On cherche à augmenter ses capacités physiques et à réduire sa fatigue.

L'augmentation est au service du soldat, mais semble desservir le médecin militaire. Dans un sens, cela le relègue à la seconde place, la machine gère la santé physique du soldat, car elle lui permet de ne pas s'épuiser ou de ne pas porter, directement, des charges lourdes. Le médecin militaire accomplira les soins dans un deuxième temps, si la machine ne fonctionne plus ou en cas de blessure physique lors d'un combat, par exemple. Le médecin militaire peut être séduit par cette augmentation, car elle est louable, mais cela lui demande de travailler main dans la main avec la machine. Cette augmentation lui offre la possibilité de se concentrer sur des blessures différentes et sûrement plus graves et en même temps le relègue à une tout autre place, la seconde.

L'autre pendant de la santé est la santé mentale du soldat. Lors des missions extérieures, le soldat est confronté à un stress élevé et des traumatismes qui entraînent de lourdes répercussions sur sa santé mentale, santé qui doit être, tout comme celle physique, bien préservée pour le bon déroulement de la mission (2).

### 2. *Une nouvelle gestion de la santé mentale des soldats*

Les soldats, lors de missions extérieures, sont soumis à un stress quasi permanent, à la peur de l'ennemi ou encore à la peur

---

[152] *Ibid.*

de la mort. L'usage de substances psychotropes – qui agissent sur les fonctions cérébrales – est très ancien. L'utilisation de drogues comme le Captagon ou d'alcool ne date pas d'hier. Les soldats peuvent ressentir un besoin, de diminuer la peur, le stress, d'augmenter leur capacité à récupérer quand la situation, dans laquelle ils se trouvent, est critique ou fortement angoissant. Le médecin militaire peut se voir devenir simple prescripteur de substances qui visent à augmenter les capacités du soldat. Lors de l'usage du Modafinil durant la guerre du Golfe, des médecins militaires, dont la mission est de soigner et non de tester de nouvelles substances sur les militaires, se sont indignés et ne souhaitaient pas délivrer la molécule. *« Sur le théâtre des opérations, les médecins ont eu, à tort, le sentiment qu'il s'agissait d'un essai thérapeutique,* a expliqué Daniel Gautier, médecin général alors en fonction. *Par conséquent, un grand nombre de médecins n'ont pas proposé le Modafinil afin de ne pas être accusés de s'être livrés à une telle pratique »*[153]. La nécessité de l'instant peut entrer en contradiction avec le rôle, la posture du médecin et il est parfois difficile pour lui d'imposer son premier office : soigner. L'article 38 du décret n° 2008-967 du 16 septembre 2008 fixant les règles de déontologie propres aux praticiens des armées rappelle que « *dans les limites fixées par la loi, le médecin des armées est libre de ses prescriptions qui sont celles qu'il estime les plus appropriées en la circonstance. Il doit, sans négliger son devoir d'assistance morale, limiter ses prescriptions et ses actes à ce qui est nécessaire à la qualité, à la sécurité et à l'efficacité des soins. Il doit tenir compte des avantages, des inconvénients et des conséquences prévisibles des différentes investigations et thérapeutiques possibles* ».

La prescription de certaines substances afin d'aider les soldats à gérer leur stress ou même leur stress post-traumatique, semble devenir l'office principal du médecin dans la guérison du soldat. Loin de l'image du médecin qui écoute, accompagne, propose des solutions, le médecin militaire, dans le cadre de l'augmentation cognitive des soldats semble apparaître sous le

---

[153] Yves BORDENAVE et Cécile PRIEUR, « Les cobayes de la Guerre du Golfe », *in* Le Monde, décembre 2005.

jour d'un prescripteur de substances, qui doivent présenter un effet, ne visant pas la guérison mais l'augmentation du soldat. Dans ce nouvel office, le médecin militaire doit alors considérer les substances qu'il connaît et qui seraient les plus à même d'augmenter les capacités du soldat. À ce titre, peuvent être cités le Propanolol, un bétabloquant atténuant la mémoire et les émotions associées à un événement traumatique. Cette substance pourrait, après un traumatisme, réduire l'ancrage du souvenir traumatisant, en bloquant les effets de la noradrénaline (hormone libérée lors d'un stimuli psychique conséquent et responsable de la consolidation du souvenir dans la mémoire)[154] ; ou les ampakines qui seraient « *prometteuses pour moduler les capacités d'apprentissage et de mémorisation. Dans cette veine la donepezil, utilisée pour lutter contre les pertes de mémoire transitoires dans la maladie d'Alzheimer ; permettrait d'accentuer la performance en situation d'urgence* »[155]. Le médecin militaire deviendrait alors prescripteur de l'augmentation du soldat.

Le médecin militaire voit son office, avec l'augmentation du soldat, changer, se transformer, s'adapter. Il n'est plus le « simple soignant », il devient le co-augmentateur du soldat (B).

### B. *De facto*, un rôle de co-augmentateur du soldat

Le médecin militaire ne peut rester à l'écart dans l'augmentation du soldat, car il demeure celui qui est garant de la protection et de la santé de ce soldat. Sa place, dans l'augmentation du militaire peut être vue comme une place de co-augmentateur, par son rôle de conseil dans la création de l'augmentation (1) et son rôle de suivi dans l'augmentation du soldat (2).

---

[154] Michael HENRY *et al.*, « Propanolol and the Prevention of Post-Traumatic Stress Disorder : Is it Wrong to Erase the « Sting » of Bad Memories ? », *in* The American Journal of Bioethics, 2007, page 13.

[155] J.A YESAVAGE, « Donezepil and flight simulator performance : effects on retention of complex skills », Neurology, volume 59 n°1, 9 juillet 2002, pages 123-125.

### *1. Le rôle de conseil dans la création de l'augmentation*

Par son rôle de protecteur de la santé et son office de médecin, le médecin militaire ne peut être l'inventeur ni le promoteur de l'augmentation du soldat. En effet, cette place revient aux industriels, aux ingénieurs ou encore aux laboratoires pharmaceutiques. Là où la mission de l'armée est de créer des armes, par le biais de l'industrie de la défense, l'éthique du médecin militaire (sur laquelle nous reviendrons), ne lui permet pas de s'adonner à la création de matériaux ou molécules visant l'augmentation du soldat. En revanche, le médecin militaire doit absolument jouer le rôle de conseiller dans l'élaboration des recherches sur l'augmentation du soldat afin d'accomplir la charge éthique qu'il porte, celle de veiller « *au respect de la vie de la personne et de sa dignité* »[156]. Le médecin militaire, qui par sa formation connaît le corps humain, ses fonctions et ses limites a un rôle de conseil des ingénieurs, des industriels afin de mettre une limite, d'encadrer l'augmentation, de poser un cadre à ce qui est physiquement et éthiquement possible de faire avec le corps et l'esprit du soldat.

Grâce à sa double casquette, le médecin militaire, qui a une expérience de terrain, qui a une formation militaire, doit conseiller l'industrie de l'augmentation du soldat pour orienter celle-ci sur des augmentations utiles et pratiques sur le terrain, des augmentations apportant un avantage opérationnel ou une plus grande sécurité pour le militaire. Qui, sinon, le médecin militaire dont la charge première est la protection du soldat pourrait veiller au respect du soldat lors de son augmentation ? Le médecin militaire doit prendre cette place de conseiller de l'industrie dans l'augmentation du soldat. Comme le rappelle l'article 38 du décret n° 2008-967 du 16 septembre 2008, le médecin militaire « *soucieux de contribuer à la préservation des effectifs et à la cohésion de la collectivité militaire, (...) se garde de tout acte et de toute décision susceptible de conduire à une*

[156] Article 4 du décret n° 2008-967 du 16 septembre 2008 fixant les règles de déontologie propres aux praticiens des armées.

*absence abusive sous couvert médical ou de l'encourager* »[157]. Le médecin militaire, pour protéger la vie du soldat, peut passer par une augmentation mais alors cette dernière doit être contrôlée. C'est pourquoi le médecin militaire endosse, *de facto*, un rôle de co-augmentateur. Il a un devoir de conseil dans la création de l'augmentation du soldat, qu'il protège.

Mis à part ce rôle de conseil dans l'augmentation du soldat, le médecin militaire joue le rôle de co-augmentateur par sa place dans le suivi de l'application de l'augmentation du soldat (2).

### *2. Le rôle de suivi dans l'application de l'augmentation du soldat*

Dans l'application de l'augmentation du soldat, le médecin militaire, et plus largement le service de santé des armées doit évaluer a priori et a posteriori les complications qui découleraient de l'augmentation. Le médecin militaire doit alors prendre en compte la notion de risque acceptable, autrement dit, dans l'application d'une augmentation du militaire, quel est le niveau de risque acceptable, qui doit être fixé ? Cette notion est consacrée à l'article R. 5211-21 du code de la santé publique, qui dispose « *les dispositifs médicaux sont conçus et fabriqués, compte tenu de l'état de la technique généralement reconnu, de telle manière que, lorsqu'ils sont utilisés conformément à leur destination et dans les conditions prévues à cette fin, ils ne compromettent pas, directement ou indirectement : 1° L'état clinique et la sécurité des patients ; 2° La santé et la sécurité des utilisateurs ou d'autres personnes ; 3° La sécurité des biens. Ils sont conçus et fabriqués, compte tenu de l'état de la technique généralement reconnu, de manière à pouvoir être utilisés aux fins qui sont les leurs, selon les indications du fabricant et atteindre les performances fixées par celui-ci et attestées par un certificat de conformité conformément aux dispositions législatives du présent chapitre. Un effet secondaire et indésirable n'est admis*

[157] Article 38 du décret n° 2008-967 du 16 septembre 2008 fixant les règles de déontologie propres aux praticiens des armées.

*que s'il présente un risque acceptable au regard des performances du dispositif* ». Le service de santé des armées met alors en place la balance bénéfices/risques, qui n'est pas toujours facile à évaluer, avant la mise en œuvre de l'augmentation. C'est pourquoi, une nouvelle fois, lors de l'application de l'augmentation, le médecin militaire a un devoir d'évaluation et donc joue un rôle de co-augmentateur.

Dans la même lignée, le rôle de co-augmentateur du médecin militaire se joue dans le suivi de ses patients augmentés. En effet, sur le terrain le médecin militaire devra, tout à la fois, surveiller l'éventuel développement d'effets secondaires, et en même temps réaliser le suivi médical de ses nouveaux patients qui développeront d'autres besoins. S'il s'agit d'une augmentation invasive par la prise de substances, le médecin militaire devra veiller à l'évolution de l'augmentation et à la prise effective de ces molécules. Le médecin militaire devra également veiller au bien-être du soldat, prendre le temps de l'écouter, de répondre à d'éventuelles questions et donc, par ce suivi général dans l'augmentation des soldats, il se fera co-augmentateur.

Le rôle du médecin militaire dans l'augmentation du soldat est un rôle central. Il doit tout à la fois, être le sachant dans une posture de paternalisme raisonné et le soignant se faisant co-augmentateur mesuré du soldat. Dans cet assaut de l'augmentation du soldat, le médecin militaire doit être le garant de l'éthique et c'est sa posture de médecin militaire qui lui confère un véritable veto éthique face aux augmentations du soldat (section 2).

## SECTION 2 – Le veto éthique du médecin militaire

Le médecin militaire possède un veto éthique face à l'augmentation du soldat. Veto qu'il détient grâce à sa place prépondérante, grâce à son savoir et enfin grâce à son devoir de préserver la santé des militaires. Le médecin militaire emporte une certaine légitimité à posséder un droit de veto éthique concernant l'augmentation des soldats, autrement dit, la possibilité de s'opposer à certaines augmentations qui ne serait pas éthiquement acceptable. Ce veto éthique sera mis à rude épreuve face à une tentation de l'augmentation du soldat en opération extérieure[158], opération effectuée dans un contexte particulièrement rude (§1). Ce veto sera, aussi, mis à rude épreuve lors du recrutement du soldat augmenté ; le médecin militaire devra faire montre de solides valeurs éthiques et les conserver, même en cas de forte tentation (§2).

### *§1 – La tentation de l'augmentation du soldat en OPEX*

La tentation de l'augmentation du soldat en OPEX est nécessairement plus grande. En effet, l'OPEX présente des particularismes et des dangers qui lui confèrent une place à part dans l'augmentation du soldat. Le contexte médico-militaire de l'OPEX est particulier. Pour le médecin militaire, cela peut impliquer des questionnements pouvant aller en faveur de l'augmentation du soldat (A). Face à ces particularismes de l'OPEX, la tentation de l'augmentation du soldat est bien présente et s'affirme avec puissance, elle nécessite alors de mettre en exergue le devoir de veto éthique du médecin militaire (B).

#### A. Le médecin militaire dans le contexte médico-militaire de l'OPEX

Le contexte médico-militaire d'une OPEX est un élément nécessaire à considérer pour concevoir la tentation médicale de l'augmentation des soldats. Le médecin militaire s'est engagé au sein d'une armée, en l'occurrence l'armée française, et a donc

[158] Opération extérieure ci-après nommée « OPEX ».

prêté allégeance à cette dernière. Par conséquent des dilemmes éthiques peuvent apparaître (1). Cette allégeance portée à la Nation française peut le pousser à privilégier la santé du soldat français car, finalement, en étant le garant de la santé il devient le garant, sur le terrain, des effectifs déployés, ce qui peut s'avérer être une réelle tentation à l'augmentation du soldat (2).

### *1. L'allégeance du médecin militaire français*

Lors des OPEX, le médecin militaire utilise sa double formation. En effet, il doit être en mesure de prendre les armes et d'être le militaire, comme il doit être en mesure d'être le médecin qui veille à la bonne santé des soldats.

En prenant pour exemple l'opération Barkhane, qui a débuté le 1er août 2014 et s'est achevée le 9 novembre 2022, – ayant eu pour objet de développer les capacités sécuritaires pour faire face, de manière autonome, à la menace islamiste au Sahel (Mali, Niger, Tchad, Mauritanie, Burkina-Faso) – les médecins militaires avaient pour mission « *le soutien médical de la force de Barkhane et la prise en charge des blessés français* »[159] mais aussi la planification des opérations en fournissant un soutien médical optimal, une médecine préventive ou encore une assistance médicale aux civils. Il faut bien avoir à l'esprit que dans ce contexte militaire, les civils sont touchés par les combats et les incidents faisant de nombreuses victimes civiles ne sont pas rares et sont difficiles à gérer. Dans ce contexte, le médecin militaire doit « *écoute [r], examine [r], conseille [r] ou soigne [r] avec la même conscience et le même dévouement toute personne, quelles que soient son origine, sa condition, ses mœurs, son appartenance ou non à une ethnie, une nation ou une religion déterminée ou les sentiments qu'elle lui inspire* »[160].

Cependant, cette tâche n'est pas aisée et dans un tel contexte les médecins militaires disent eux-mêmes que « *la question s'est posée de savoir quel choix nous ferions si deux blessés*

---

[159] Ministère des Armées, État-Major des Armées et CICDE, « Doctrine du soutien médical aux engagements opérationnels », Doctrine interarmées, n° 176/DEF/CICDE/NP, 31 juillet 2014, page 72.

[160] Article 4 du décret n°2008-967 du 16 septembre 2008 fixant les règles de déontologie propres aux praticiens des armées.

*arrivaient, entre un patient français et un patient ennemi. Si leurs conditions étaient similaires ou même si l'état du patient français était moins sévère, nous aurions opéré le blessé français en premier. Même si, pour des raisons normatives ou éthiques, on nous a dit de ne pas le faire, nous l'aurions fait de toute façon. Compromettre le résultat fonctionnel d'un camarade pour soigner une victime ennemie, cela n'aurait pas été bien accueilli par les autres soldats sur les lieux et aurait été difficile sur le plan personnel* »[161]. Le contexte médico-militaire des OPEX paraît, dès lors, extrêmement compliqué pour le médecin militaire. En effet, il est tout à la fois médecin et doit sauver et protéger la vie humaine mais il est militaire et doit obéir aux ordres et aux besoins militaires de sa Nation. Les médecins l'expriment eux-mêmes « *nous sommes appréciés à notre juste valeur par les soldats avec qui nous travaillons. Nous sommes avant tout des médecins, mais dans un cadre qui nous oblige à rappeler que nous sommes aussi des militaires, au service du pouvoir et de la politique* »[162]. Le médecin militaire est très souvent rattrapé par son allégeance prêtée à la Nation.

Le médecin militaire se situe dans une position éthiquement sensible, il est à la fois tenu par l'allégeance qu'il porte à son pays et par l'allégeance qu'il porte au sauvetage de la vie, par son métier de médecin. Cette position lui procure une place importante et même primordiale de garant des effectifs (2).

### *2. Le médecin militaire : garant des effectifs*

Le médecin militaire est par sa mission de protecteur de la santé des militaires, garant des effectifs sur place, « *soucieux de contribuer à la préservation des effectifs et à la cohésion de la collectivité militaire, il se garde de tout acte et de toutes décisions susceptibles de conduire à une absence abusive sous*

---

[161] Antoine LAMBLIN, Clément DERKENNE, Marion TROUSSELARD, *et al*, "Défis éthiques auxquels sont confrontés les médecins militaires français déployés au Sahel (opération Barkhane) : une étude qualitative", BMC Med Ethics 22 , 153, 2021.

[162] *Ibid.*

*couvert médical ou de l'encourager.* »[163] La tentation de l'augmentation du soldat devient alors immédiatement visible. Le médecin militaire, qui naturellement et légitimement privilégiera son compagnon d'armes, français, se doit de le réparer afin qu'il puisse repartir au combat et permettre la bonne tenue de la mission. La bonne santé physique et mentale du soldat est la condition de son maintien sur le terrain. Le médecin militaire est le responsable de cette santé et par conséquent le garant des effectifs sur le terrain.

Dans ce contexte particulier de l'OPEX, où le médecin militaire prend une place prépondérante, la tentation de l'augmentation du soldat par ce médecin militaire est inévitable. Le ratio bénéfices/risques semble parfois tellement évident qu'il n'est même pas nécessaire de se poser la question, comme l'expliquait Marion Trousselard, médecin en chef et chercheur en neurophysiologie, « *l'objectif des armées est de maintenir ses soldats en bonne santé. Mais ils doivent se parachuter au-dessus d'un territoire taliban, franchement, on ne se pose pas la question !* »[164], ou encore quand elle expliquait qu'après l'embuscade d'Uzbin en 2008, il fallait nécessairement prendre en charge les syndromes post-traumatiques et que pour cela des gouttes de Lopaxine avaient été délivrées aux soldats, ce qui en l'espèce avait très bien fonctionné. Cet antipsychotique avait fait ses preuves et les soldats avaient pu rester sur le terrain, ce que voulaient la mission et la Nation.

Dès lors, par la mission qui incombe au médecin militaire, par son devoir de maintenir les soldats en bonne santé, de les guérir, de les réparer, la tentation de l'augmentation du soldat est nécessairement présente. En effet, un soldat qui peut rester sur le terrain après un traumatisme, grâce à des psychostimulants, ou qui peut éviter les blessures en amont des combats, grâce à l'exosquelette, ou encore qui peut éviter les contacts physiques grâce aux drones tueurs[165], n'est pas sans incidence pour le médecin militaire. Son rôle dans le maintien en bonne santé des

---

[163] Article 38 du décret n°2008-967 du 16 septembre 2008 fixant les règles de déontologie propres aux praticiens des armées.

[164] Article de Marion GUERIN, *op.cit.*

[165] Michel SCOTT et Christophe BUISINE, « Drones tueurs, qu'est-ce que le projet "Sky carrier" de l'armée française, Reportage TFI info, 27 mars 2023.

effectifs déployés sur le terrain l'entraîne nécessairement à envisager, pour ses patients, des augmentations afin de protéger leur santé et donc leur vie.

Le médecin militaire est un garant manifeste des effectifs déployés lors des OPEX et a le devoir de maintenir les militaires en bonne santé physique et mentale. La tentation de l'augmentation est bien présente mais semble contrôlée par le médecin militaire, garant de la santé des soldats, apparaît alors un devoir de veto éthique (B).

### B. Le devoir de veto éthique du médecin militaire

Le médecin militaire a, face à l'augmentation du soldat en OPEX, un devoir de veto éthique. Autrement dit, il doit être celui qui s'oppose, qui bloque et arrête une augmentation qui serait trop risquée pour le militaire par rapport aux bénéfices qu'elle apporterait. Ce devoir de veto éthique provient d'un cadre éthique propre au médecin militaire (1) et joue face au commandement, au combattant et au médecin militaire, trois acteurs de l'augmentation du soldat (2).

#### *1. Un devoir de veto éthique découlant d'un cadre éthique propre au médecin militaire*

Les valeurs éthiques du médecin militaire ont été posées assez tôt. En effet, dès l'antiquité, Scribonius Largus, médecin militaire grec accompagnant l'empereur Claude en campagne écrivait « *(...) le mal doit être haï de tous les êtres vivants, et particulièrement des médecins, dont l'âme ne peut qu'être remplie de compassion et d'humanité (...) Pour cette raison il ne donnera pas même à des ennemis un médicament nocif, celui qui est lié par le serment solennel de la médecine (...) parce qu'elle n'estime pas la valeur des hommes à leur fortune ni à leur situation, la médecine se doit d'apporter son aide de façon égale à tous ceux qui l'implorent, et elle s'engage à ne jamais nuire à personne* »[166]. Apparaissent déjà les grands principes de l'éthique médicale posés par de nombreux textes, tels que le code de

---

[166] Danielle GOUREVITCH, *Histoire de la pensée médicale en occident, antiquité et moyen-âge*, volume 1, Paris, 1995, page 239.

Nuremberg, le rapport de Belmont, la Convention d'Oviedo, la déclaration d'Helsinki, la déclaration de Genève ou le « serment d'Hippocrate moderne », l'Organisation mondiale de la santé avec ses lignes directrices internationales d'éthique pour la recherche en matière de santé impliquant des participants humains ou encore l'UNESCO avec sa déclaration universelle sur la bioéthique et les droits de l'homme. Ils sont au nombre de quatre :

- l'autonomie, autrement dit le respect de la personne et de sa capacité à être acteur et à décider de sa santé ;
- la bienfaisance, autrement dit la contribution au bien-être du patient ;
- la non-malfaisance, autrement dit l'obligation de ne pas nuire et comme dit le Professeur Régis Aubry « *ne pas intervenir sur le corps du patient sans son accord libre et éclairé* »[167]
- la justice, autrement dit apporter le même traitement de façon juste et équitable à tous les patients.

Toute la question de l'éthique médicale est résumée par le Professeur Régis Aubry lorsqu'il dit « *doit-on faire au seul motif que l'on sait faire ?* » et il poursuit en disant « *les lois permettent de maintenir des limites, des interdits car ce qui est admissible pour un individu ne l'est pas forcément pour la société* »[168]. La loi semble, dès lors, être le garant de l'éthique médicale. Mais ce qui nous intéresse ici, est davantage l'éthique du médecin militaire. Cette éthique relève, selon Frédéric Canini[169], de trois dimensions :

- une éthique de but, pourquoi fais-je cela ?
- une éthique de moyens, que mobilise-je pour le faire ?
- une éthique de manière, comment m'y prends-je pour parvenir à mes fins ?

Frédéric Canini ajoutera « *à la différence de la déontologie, l'éthique ne peut donc pas être une position de principe. Elle doit affronter la réalité au cas par cas tout en respectant la déontologie. La démarche éthique est donc nécessairement*

---

[167] Professeur Régis AUBRY, « Quels sont les principes de l'éthique médicale », *in* santéjournaldesfemmes.fr, 19 juillet 2022.

[168] *Ibid.*

[169] Frédéric CANINI, « Ethique médicale et homme augmenté : quelques pistes de réflexion, revue Défense nationale, 2017/HS1, pages 181-189.

*casuistique, recherchant la manière dont s'appliquent les principes généraux à chaque cas particulier* », ce qui implique pour le médecin militaire une sorte de flexibilité dans le raisonnement et dans l'application de l'augmentation du soldat, car il doit s'adapter à chaque militaire qu'il a devant lui.

Le médecin militaire doit alors respecter l'éthique médicale dans l'augmentation du soldat et par ce respect il peut et doit opposer un veto éthique à toute augmentation qui comporterait un risque trop important par rapport au bénéfice qu'elle apporterait.

Le médecin militaire a un devoir de veto éthique, lui étant conféré par un cadre éthique propre à sa fonction de médecin. Il doit nécessairement l'opposé lors d'une augmentation qui emporterait un risque trop grand face au bénéfice escompté (2).

### 2. *Un devoir de veto éthique face à trois acteurs*

Évidemment, le devoir de veto éthique du médecin se situe sur trois plans et face à trois acteurs. Il concerne le commandement, le combattant et le médecin militaire lui-même. En effet, si le commandement désire augmenter ses soldats, le médecin militaire a un devoir de veto éthique, grâce à sa fonction de conseil en matière médicale. Si le combattant souhaite s'augmenter, par la prise de psychostimulants, disponibles dans le monde civil, par exemple, le médecin militaire a un devoir de veto éthique sur cette augmentation qui risquerait de compromettre à la fois la santé du militaire et la mission. Enfin, le devoir de veto éthique face à l'augmentation du soldat se situe sur le plan personnel du médecin. Il doit s'autolimiter et ne pas se perdre dans la volonté d'augmenter les soldats afin de les protéger.

Ce qui doit guider le médecin militaire dans ce devoir de veto éthique est la balance entre le risque que les soldats encourent face à l'augmentation et les bénéfices pour les soldats et la réussite de la mission. C'est pourquoi, la caféine LP 300 mg est désormais privilégiée, cette substance apporte davantage de bénéfices que de risques, ce qui n'avait pas été le cas du Modafinil.

Jean-Michel Debarre a pu dire que « *le binôme Autorité de santé-laboratoire pharmaceutique s'appuie sur la balance bénéfice-risque en santé publique pour valider une AMM*[170]*, alors que le binôme patient-médecin se fonde sur la balance bénéfice-risque utile d'un médicament au vu de la singularité du patient* »[171]. La singularité du patient est nécessairement à prendre en compte et dans le cadre de l'augmentation cela implique un devoir de veto éthique du médecin militaire qui doit, tout à la fois, prendre en compte la réussite de la mission et la bonne santé des effectifs déployés, les ordres et les besoins du commandement, la protection de la santé du combattant et enfin son rôle éthique et ses devoirs moraux envers ses patients.

Le médecin militaire doit nécessairement accomplir son devoir de veto éthique lors de l'augmentation du soldat. Il doit nécessairement être celui qui se positionne face aux tentations de l'augmentation du militaire en OPEX, face au combattant qui souhaite s'augmenter, face au commandement qui mesure la réussite de la mission et face à lui-même et au risque qu'il aurait de vouloir augmenter le soldat qu'il se doit de protéger.

Ainsi, le médecin militaire pourrait être fortement tenté d'augmenter le soldat dans le cadre des OPEX. Cependant, de nombreuses barrières éthiques, propres au métier de médecin, lui permettent de maintenir un cap et lui confèrent un devoir de veto éthique. Mais le contexte de l'OPEX n'est pas le seul endroit dans lequel l'éthique du médecin militaire doit être déployée. En effet, le recrutement du soldat augmenté est une autre tentation que le médecin militaire pourrait avoir. Cependant, force est de constater qu'encore une fois le veto éthique du médecin militaire est un garde-fou qui lui permet de maintenir des effectifs humains (§2).

---

[170] AMM : Autorisation de mise sur le marché.

[171] Jean Michel DEBARRE, « Prescription de médicament hors autorisation de mise sur le marché : fondements, limites, nécessités et responsabilités », LEH, Éditions 2017.

### *§2 – Le recrutement du soldat augmenté*

Le recrutement d'un candidat, donc d'un futur soldat, préalablement augmenté met une nouvelle fois en exergue la place prépondérante du médecin militaire. Pour commencer, le médecin militaire est celui qui va déclarer apte ou inapte un candidat au métier des armes. C'est au médecin militaire que revient la tâche de recruter le futur soldat qui doit nécessairement présenter une aptitude physique, mentale et psychologique (A). Dans ce rôle qui lui revient, le médecin militaire possède un droit de veto éthique. Un droit qui lui permet d'être le filtre d'une armée humaine face à une armée augmentée. Selon l'usage de son veto éthique, l'armée pourrait demain ressembler à une armée de soldats augmentés ou à une armée de soldats non-augmentés (B).

#### A. Le recrutement de soldats aptes à servir

Le médecin militaire doit évaluer l'aptitude physique et mentale du soldat à servir le pays. Sont alors déclarés aptes, les femmes et les hommes ayant des capacités physiques et psychiques certaines. Le recrutement du candidat augmenté bouleverserait nécessairement les critères objectifs de recrutement actuel, des soldats, pour en apporter de nouveau (1) et pourrait entraîner le risque du recrutement du « futur meilleur soldat » et non du meilleur soldat actuel (2).

##### *1. L'augmentation des soldats, de nouveaux critères de recrutement*

Henri Hude a défini le recrutement militaire par « *l'appel (accepté) d'un individu à l'exercice d'une fonction sociale essentielle en vue d'un intérêt général vital* »[172], ce recrutement ne peut passer que par la visite médicale qui déclarera le candidat apte ou non à exercer le métier des armes. L'augmentation du soldat insère une toute nouvelle vision et gestion du recrutement. En effet, de manière générale l'article L. 4132-1 du code de la

[172] Henri HUDE, « Quelle éthique du recrutement ? », dsi, hs, n°45, 2015, pages 84-86.

Défense dispose que « *nul ne peut être militaire s'il ne présente les aptitudes exigées pour l'exercice de la fonction* ». Ces diverses compétences regroupent à la fois les compétences physiques, les aptitudes mentales et médicales et reposent sur des éléments objectifs.

L'arrêté du 21 avril 2022[173] relève en son article 5 que « *l'expertise médicale initiale a pour objectif de vérifier l'adéquation de l'état de santé du candidat avec les impératifs des métiers militaires. Elle conduit à l'établissement du profil médical et à une conclusion d'ordre médico-militaire appréciant les aptitudes médicales demandées par l'autorité militaire responsable du recrutement* ». Ce recrutement s'opère grâce à des critères objectifs regroupés au sein du SIGYCOP[174], le score final représentant le profil médical de l'individu. Évidemment, les notes attendues ne sont pas les mêmes dans les différents domaines, selon l'unité souhaitée, parachutiste ou encore force spéciale par exemple.

Toujours est-il, l'augmentation du soldat remettrait irrémédiablement en cause ces critères objectifs de recrutement car un candidat augmenté serait sans nul doute plus intéressant, d'un point de vue purement opérationnel, qu'un candidat non augmenté et qui conserverait ses faiblesses d'Homme. Le médecin militaire emporterait alors une nouvelle tâche, celle de déceler le candidat augmenté du candidat non augmenté et donc d'opérer une sélection sur des critères purement subjectifs, car les augmentations peuvent différer sur un candidat et sur un autre (par exemple la caféine ou les psychostimulants). Dès lors, il deviendrait nécessaire de réévaluer les critères de recrutement ou alors de laisser le médecin militaire sélectionner selon les critères qui lui paraîtraient les plus à même de répondre à la nécessité militaire du moment.

Éthiquement parlant, un risque pourrait apparaître, celui de recruter un candidat ayant un potentiel d'augmentation et donc

---

173 Arrêté du 21 avril 2022 relatif à la détermination et au contrôle de l'aptitude médicale à servir du personnel militaire.

174 S : ceinture scapulaire et membres supérieurs / I : ceinture pelvienne et membres inférieurs / G : état général / Y : yeux et vision / C : sens chromatique / O : oreilles et audition / P : psychisme.

de tomber dans le recrutement, non pas du meilleur mais du « futur meilleur soldat » (2).

*2. Un risque de recrutement du « futur meilleur soldat »*

Le médecin militaire pourrait être amené à sélectionner, non plus le meilleur candidat actuel, celui qui obtient d'excellentes notes aux critères de sélection SIGYCOP, mais celui qui deviendrait le meilleur soldat augmenté. Dans la fiction « Captain America », c'est un jeune homme frêle et timide qui sera sélectionné pour participer à un programme expérimental visant à faire de lui un super soldat. Plusieurs fois déclaré inapte à servir son pays en prenant les armes, il peut enfin s'engager dans l'armée et devenir ce super-soldat. Au-delà de la fiction de ce film et de la chance de ce jeune homme, de pouvoir réaliser son rêve, il apparaît surtout que les critères de recrutement des soldats, dans le cadre d'augmentations futures, pourraient entraîner de grands questionnements éthiques.

Selon l'article 1 de l'arrêté du 21 avril 2022[175], le médecin militaire « *peut décider d'une inaptitude en fondant ses conclusions sur les éléments objectifs du bilan médical et sur l'estimation d'un risque pour l'individu ou la collectivité, basée sur sa connaissance des pathologies mais aussi sur celle du milieu militaire et des contraintes liées aux activités et situations d'exception imposées par ce statut. Il convient en effet de déterminer si un sujet est capable d'occuper un emploi, mais aussi s'il peut s'en acquitter au sein de la collectivité militaire* ». Le médecin militaire emporte une charge, une nouvelle fois, lourde. Il est chargé de dire si un soldat est apte à porter les armes, si physiquement et psychiquement il est capable d'occuper un tel emploi. Cette charge, qui lui incombe, pourrait à la fois, le tenter de recruter un candidat ayant un potentiel élevé d'augmentabilité[176] mais aussi lui conférer une responsabilité d'autant plus accrue.

---

[175] Arrêté du 21 avril 2022 relatif à la détermination et au contrôle de l'aptitude médicale à servir du personnel militaire, *op.cit.*
[176] Sarah BADARI, *op.cit.*, pages 42-43.

Le médecin militaire recrute le candidat le plus apte à devenir parachutiste ou encore tireur d'élite, mais s'il venait à recruter le « futur meilleur parachutiste » ou encore le « futur meilleur tireur d'élite », alors son office changerait nécessairement et l'éthique du recrutement comme l'éthique de l'engagement au sein de l'armée s'en verraient profondément meurtries. Le potentiel d'augmentabilité serait la porte ouverte à tout candidat sans aucune porte fermée. Tout le monde pourrait être potentiellement augmentable et alors le recrutement du soldat perdrait de son sens premier : l'engagement d'une femme ou d'un homme physiquement et psychiquement apte à porter les armes au nom de son pays.

Le médecin militaire joue un rôle prégnant dans le recrutement du soldat par le biais de la visite médicale. Son statut de médecin l'oblige à être dans une posture éthique de recrutement. C'est alors qu'apparaît un véritable droit de veto éthique conféré par la place du médecin militaire dans la sélection des candidats (B).

### B. Le droit de veto éthique du médecin militaire

Le médecin militaire occupe une place prépondérante dans le recrutement du soldat, il est à l'origine de la décision de son aptitude médicale ou non à devenir militaire (1), c'est pourquoi, dans le cadre du recrutement du soldat augmenté il posséderait un droit de veto éthique (2).

#### *1. La place prépondérante du médecin militaire dans le recrutement du soldat*

En vertu de l'article 5 de l'arrêté du 21 avril 2022 relatif à la détermination et au contrôle de l'aptitude médicale à servir du personnel militaire, « *l'expertise médicale initiale a pour objectif de vérifier l'adéquation de l'état de santé du candidat avec les impératifs des métiers militaires. Elle conduit à l'établissement du profil médical et à une conclusion d'ordre médico-militaire appréciant les aptitudes médicales demandées par l'autorité militaire responsable du recrutement. Cette conclusion peut être l'aptitude à l'engagement, l'inaptitude temporaire à l'engagement, l'inaptitude à l'engagement, ou l'ajournement* ». Le médecin militaire peut alors déclarer le militaire apte à la fois physiquement, mentalement et psychologiquement, dans ce cas il intégrera les rangs de l'armée. Il peut prononcer une inaptitude, autrement dit le soldat ne réunit pas toutes les capacités pour être pleinement opérationnel sur le terrain, il nécessite une pause dans l'exercice de son métier. Il peut prononcer une inaptitude à l'engagement, autrement dit, le soldat est inapte à supporter les contraintes du métier. Enfin, l'ajournement n'est prononcé qu'en cas d'insuffisance de pièces administratives ou médicales permettant au médecin de se prononcer.

La décision du médecin militaire emporte une importance et un impact direct sur la carrière du soldat. L'aptitude assure au militaire qu'il dispose des qualités pour continuer d'exercer son métier. L'inaptitude temporaire consiste à laisser le soldat en convalescence pour ne pas aggraver sa blessure. Quant à l'inaptitude définitive, elle consiste à ne pas laisser le militaire exercer son métier ou le candidat exercer le métier de soldat car il ne remplit pas les conditions physiques, mentales ou encore psychologiques lui permettant d'entreprendre une carrière militaire.

Le médecin militaire occupe une place prégnante dans la carrière du soldat, il peut, à tout moment, lors d'une visite médicale, déclarer ce dernier inapte et donc mettre fin à sa carrière militaire, si cela est justifié bien évidemment. Sans l'aptitude médicale, le candidat ne pourra être soldat, autrement dit, lors du recrutement la visite médicale emporte une place centrale. Le candidat ou le soldat peut contester une telle décision, en demandant une sur expertise médicale[177], en formant un recours devant le Conseil national de santé des armées[178] dont la décision pourra être, elle-même, contestée devant le conseil supérieur de santé des armées[179], qui pourra être, elle-même,

---

[177] Article 24 de l'arrêté du 21 avril 2022 relatif à la détermination et au contrôle de l'aptitude médicale à servir du personnel militaire.

[178] Article 25 de l'arrêté du 21 avril 2022 relatif à la détermination et au contrôle de l'aptitude médicale à servir du personnel militaire.

[179] Article 29 de l'arrêté du 21 avril 2022 relatif à la détermination et au contrôle de l'aptitude médicale à servir du personnel militaire.

contestée devant la commission de recours des militaires[180]. Dans les faits, même si certaines décisions ont permis à des soldats de poursuivre leur carrière militaire malgré le prononcé par le médecin militaire d'une inaptitude[181], force est de constater que lorsque le médecin militaire prononce une telle inaptitude, il y a sans nul doute une difficulté certaine et une incompatibilité avec la fonction de militaire, qui pourrait compromettre sérieusement le bon déroulé d'une mission.

Dès lors, le médecin militaire emporte une place prépondérante dans le recrutement du soldat par la déclaration d'aptitude ou non au métier de soldat. Cette position lui confère un nouveau droit dans le cadre de l'augmentation du soldat, un droit de veto éthique (2).

*2. Un nouveau droit : le veto éthique du médecin militaire*

Le médecin militaire, grâce à sa place prépondérante dans le recrutement du futur soldat, possède *de facto* un droit de veto éthique. En effet, il est celui qui peut déclarer inapte un candidat ou un soldat au métier des armes. Il pourrait tout à fait utiliser cette prérogative face à un candidat augmenté ou face à un soldat qui s'augmente. Le médecin militaire devient alors le « premier filet » de l'augmentation du soldat. Soit, il laisse passer les soldats augmentés, soit il les déclare inaptes au service.

Ce droit de veto éthique emporte une valeur considérable. Étant responsable de la santé physique, mentale et psychologique du soldat, le médecin militaire deviendrait dès lors le responsable du recrutement des soldats augmentés. Lui incomberait nécessairement la tâche de suivre de près leur augmentation et de veiller à la bonne cohésion avec les autres soldats qui pourraient ne pas être augmentés.

Mais, il est aussi possible d'imaginer une situation différente dans laquelle le médecin militaire ne considérerait comme inaptes que les seuls soldats augmentés. Dans ce cas précis, il opposerait son veto éthique à la construction d'une armée de

[180] Article R. 4125-1 du code de la Défense.
[181] Tribunal administratif de Lyon, *déc.* n°2005739, 20 octobre 2021.

soldats augmentés. Le militaire obtiendrait la garantie d'un recrutement éthique et de sa place justifiée par ses capacités propres et non par une quelconque augmentation.

Toujours est-il, qu'il est important d'insister sur la place prépondérante du médecin militaire dans ce recrutement du soldat augmenté. Il appartient au seul médecin de faire barrière entre l'augmentation généralisée au sein de l'armée et l'augmentation contrôlée voire inexistante des soldats. Il semble davantage probable que le médecin militaire fasse jouer son veto éthique pour refuser l'entrée, au sein de l'armée, de candidats augmentés, ayant perdu leur humanité. Car même si le stress peut être nocif pour la mission, il permet également de rester éveillé et sur ses gardes, même si la peur peut paralyser, elle permet de ne pas être un robot tueur, même si les sentiments de compassion, d'amitié peuvent parfois entraîner des actes regrettables, ils permettent de réfléchir et de ne pas tirer sur un enfant armé, seulement parce que l'algorithme identifie une menace. Les sentiments humains peuvent entraîner la mort des soldats, mais ils permettent de conserver les valeurs de courage, de dévouement, de compassion et comme le dit Aurélie Eon « *conserver un vécu émotionnel apparaît comme un véritable garde-fou à une technicisation toujours plus ample. C'est peut-être parce qu'il éprouvera un peu d'empathie que le pilote de drone s'apercevra qu'il se trompe de cible et retiendra son tir* »[182]. Apparaît le rôle absolument crucial du médecin militaire et de son veto éthique, lors du recrutement du soldat.

---

[182] Aurélie EON, « Faut-il laisser pleurer le soldat augmenté ? », Inflexions n°32, Le soldat augmenté, 2016, page 78.

La médicalisation de l'augmentation du soldat est une ouverture vers l'augmentation. L'augmentation invasive du soldat, passant par l'aspect médical, bouleverse et remet en cause des principes juridiques établis. C'est alors la figure du médecin militaire qui est en première ligne et qui doit et devra prendre la place qui lui revient, celle de protecteur du soldat, usant d'un veto éthique. Mais cette augmentation, qui bouleverse le monde juridique, le rend aussi plus vulnérable. En effet, les lois et le droit établis semblent fébriles face à ces questions éthiques d'un nouveau genre, car la posture du soldat, défenseur de la Nation, peut faire pencher la balance en faveur d'une augmentation. Il est, alors, intéressant de constater que l'encadrement légal apparaît dérisoire, là où l'encadrement coutumier du commandement militaire semble stable et établi (titre II).

# TITRE II

# UN ENCADREMENT LÉGAL DÉRISOIRE FACE À UN ENCADREMENT COUTUMIER DU COMMANDEMENT MILITAIRE

Le soldat peut se retrouver piégé face à une augmentation qui lui serait imposée. Et force est de constater que le droit ne semble pas le protéger si durement. Il semble, au contraire, que le droit national, tout comme la politique nationale de défense ne se positionnent pas en grand défenseur du soldat face à son augmentation, préférant à cela, la primauté de la nécessaire défense de la Nation. Finalement apparaît un défaut certain de protection du soldat face à son augmentation (chapitre 1). Ce flou juridique laisse apparaître une tout autre forme d'encadrement pour l'augmentation du soldat. Tout d'abord, du côté du respect de la dignité humaine, une protection semble se dessiner, mais elle comporte des failles, à commencer par son indétermination définitionnelle. C'est alors qu'apparaît une figure, à laquelle il n'est pas inné de penser tout de suite, celle du commandement. Il est intéressant de constater que le commandement se positionne en défaveur de l'augmentation du soldat et qu'il peut prendre la posture de « filtre » face à l'augmentation du soldat (chapitre 2).

# CHAPITRE 1

# UN DÉFAUT CERTAIN DE PROTECTION DU SOLDAT FACE À SON AUGMENTATION

Le soldat n'est manifestement pas protégé face à son augmentation. Ce vide juridique se révèle au sein du droit national et de la politique nationale de défense, qui ne prévoient qu'une protection ambivalente du soldat, préférant la primauté de la nécessaire protection de la Nation (section 1). Cette protection se retrouve également au sein du droit international, qui semble être présente, par l'encadrement des conflits et du recours à l'armement, mais se révèle être absente face à l'appel de la protection du soldat contre son augmentation, manifestant une impuissance flagrante (section 2).

## SECTION 1 – Un droit national et une politique nationale de défense ambivalent : la nécessaire protection de la Nation

Autant le droit national que la politique nationale montrent une posture ambiguë quant à l'augmentation des soldats. En effet, la nécessité de protéger la Nation semble primer sur la protection du soldat lui-même. Cela se voit à travers le droit national, qui présente une ambivalence dans la protection du soldat face à son augmentation (§1) mais aussi à travers la politique nationale de défense qui privilégie la défense nationale au détriment de la protection du soldat face à son augmentation (§2).

### *§1 – Le droit national : une protection ambivalente des soldats*

Le droit national apporte une protection ambivalente du soldat. L'augmentation du soldat étant médicalisée, c'est sous le joug de la loi Jardé, loi concernant la recherche biomédicale sur la personne humaine, que la protection du soldat semble opérer. Seulement, le soldat dispose d'un contenu *de jure* ambivalent, qui ne semble pas le protéger (A) et finalement d'un contenu *de facto* non protecteur (B).

### A. La loi Jardé : un contenu ambivalent dans la protection du soldat

Juridiquement, le droit national apporte une certaine protection (dans son contenu) à l'égard du soldat concernant son augmentation. Comme analysé précédemment, cette augmentation s'opère d'un point de vue médical et spécifiquement par le biais de la recherche biomédicale impliquant la personne humaine. Juridiquement, le soldat, face à son augmentation, bénéficie de l'encadrement de la recherche biomédicale (1), encadrement qui peut se montrer ambigu concernant la protection du soldat (2).

#### *1. L'encadrement de la recherche biomédicale impliquant la personne humaine*

La recherche biomédicale impliquant la personne humaine est réglementée. La loi qui va nous intéresser dans le cadre du soldat augmenté est la loi Jardé du 5 mars 2012[183]. Cette loi est venue remplacer la loi Huriet et Sérusclat du 20 décembre 1988[184], qui a été jugée insuffisante. La loi Jardé, entrée en vigueur le 18 novembre 2016[185], a pour objectif de prioriser le développement de la recherche biomédicale française en maintenant un niveau de protection de la personne humaine, sujet de l'expérimentation. Les moyens qu'elle met en place pour y parvenir sont divers. Tout d'abord, cette loi a créé un cadre juridique unique concernant l'encadrement de la recherche biomédicale française. Désormais, une triple catégorisation regroupe toutes les recherches biomédicales impliquant la personne humaine, dont le référentiel est le niveau de risque encouru par le sujet :

- les recherches interventionnelles avec risque supérieur au risque minime ;

---

[183] Loi n° 2012-300 du 5 mars 2012 relative aux recherches impliquant la personne humaine.

[184] Loi n° 88-1138 du 20 décembre 1988 relative à la protection des personnes qui se prêtent à des recherches biomédicales.

[185] Décret n°2016-1537 du 16 novembre 2016 relatif aux recherches impliquant la personne humaine.

- les recherches interventionnelles avec un seul risque minime et ne portant pas sur un médicament ;
- les recherches non interventionnelles avec un risque inférieur au risque minime ;

Les premières, en vertu du risque qu'elles peuvent représenter nécessitent un avis d'un comité de protection de la personne et un avis de l'agence nationale de sécurité du médicament et des produits de santé. Les secondes sont soumises à un avis du comité de protection des personnes et un protocole de surveillance[186]. Quant aux dernières, elles ne nécessitent pas de tels avis ou protocoles car elles ne « *comportent aucun risque ni contrainte dans lesquels tous les actes sont pratiqués et les produits utilisés de manière habituelle* »[187]. En fonction de ces diverses catégories, la loi Jardé prévoit une gradation du consentement face à l'expérimentation. Autrement dit, la première catégorie nécessite un consentement libre, éclairé et écrit, là où la seconde ne demande pas d'écrit mais un consentement exprès et où la dernière ne demande qu'une absence d'opposition[188].

Ce nouvel encadrement de la recherche biomédicale française apporte des garanties certaines comme le révèle l'article L.1121-2 du code de la santé publique car elle doit se fonder sur « *le dernier état des connaissances scientifiques et sur une expérimentation préclinique suffisante* », et ne doit pas être entreprise « *(...) si le risque prévisible encouru par les personnes qui se prêtent à la recherche est hors de proportion avec le bénéfice escompté pour ces personnes ou l'intérêt de cette recherche ; si elle ne vise pas à étendre la connaissance scientifique de l'être humain et les moyens susceptibles d'améliorer sa condition ; si [elle] n'a pas été conçue de telle façon que soient réduits au minimum la douleur, les désagréments, la peur et tout autre inconvénient prévisible lié à la maladie ou à la recherche, en tenant compte particulièrement du degré de maturité pour les mineurs et de la capacité de compréhension pour les majeurs hors d'état d'exprimer leur consentement* ». Finalement, « *l'intérêt des personnes qui se*

---

[186] Article L.1121-4 du CSP.
[187] Article L.1121-1 du CSP.
[188] Article L.1122-1-1 du CSP.

*prêtent à une recherche impliquant la personne humaine prime toujours les seuls intérêts de la science et de la société* ». Dès lors, il apparaît que l'augmentation du soldat, rentrant dans le cadre de la recherche biomédicale, serait fortement encadrée et de nombreuses garanties de protection lui seraient apportées.

L'augmentation du soldat semble alors freinée par l'encadrement juridique de la recherche biomédicale française. Cependant, force est de constater que cet encadrement se montre ambigu concernant la protection du soldat (2).

### 2. *Une protection ambivalente du soldat face à son augmentation*

Cette même loi Jardé traite de manière distincte les recherches impliquant la personne humaine relevant du secret de la défense nationale, ce qui engloberait l'augmentation des soldats. En effet, l'article L.1121-15 du code de la santé publique dispose que « *les recherches impliquant la personne humaine et leurs résultats, à l'exception de ceux relevant du secret de la défense nationale, sont inscrits dans un répertoire d'accès public selon des règles déterminées par décret* ». Autrement dit, les recherches biomédicales impliquant la personne humaine, dans le cadre du secret de la défense nationale, peuvent rester parfaitement secrètes, ce qui semble justifié par le caractère primordial de protection des informations et supports dont la divulgation serait de nature à nuire à la défense ou à la sécurité nationale.

De plus, contrairement à la désignation des comités de protection des personnes par la commission nationale de recherche – désignation de manière aléatoire au niveau national afin d'éviter les conflits d'intérêts – le comité de protection des personnes dans le cadre des recherches biomédicales impliquant la personne humaine relevant du secret défense est un « *comité de protection des personnes-défense et sécurité nationale, agréé par le Premier ministre sur proposition du ministre de la défense et après avis du ministre chargé de la santé* »[189]. En l'espèce, la désignation de ces comités, visant à protéger le sujet

[189] Article L.1123-16 du CSP.

d'expérimentation, n'est pas, dans le cadre des expérimentations relevant du secret de la défense, une désignation aléatoire et peut présenter des conflits d'intérêts certains. Et ce même article de poursuivre « *le Premier ministre est seul compétent pour retirer l'agrément du comité de protection des personnes-défense et sécurité nationale si les conditions prévues à l'article* L. 1123-5 *ne sont plus satisfaites. (...) La composition du comité de protection des personnes-défense et sécurité nationale est fixée par arrêté du Premier ministre et est adaptée si nécessaire, selon les mêmes modalités, en fonction du niveau de classification des dossiers soumis. Les membres de ce comité sont nommés par le Premier ministre* ». Ainsi, même si le ministre de la Santé peut retirer l'agrément d'un comité « *si les conditions d'indépendance, de composition ou de fonctionnement nécessaires pour assurer sa mission dans les meilleures conditions ne sont plus satisfaites* »[190], il semble que les garanties d'indépendance prévues par la loi Jardé ne sont pas les mêmes s'il s'agit d'une recherche biomédicale sur la personne humaine relevant du secret de la défense.

Par conséquent, il apparaît, à la lecture de ces exceptions, que la protection du soldat face à son augmentation semble ambiguë. En effet, il semble que les acteurs de la recherche biomédicale sur l'augmentation du soldat seront, sans doute, guidés par la nécessité militaire et la protection de la Nation. De plus, il faut avoir à l'esprit que l'objectif même de la loi Jardé est avant tout la performance de la recherche biomédicale française et que la protection de la personne humaine apparaît en second plan. Il semble évident que prioriser la recherche biomédicale française afin de performer l'armement ou le soldat, passera avant la protection du soldat lui-même.

La loi Jardé possède un contenu *de jure* ambivalent, à la fois elle apparaît comme protectrice de la personne humaine mais surtout comme défenderesse de la performance de la recherche biomédicale française. Force est de constater que le droit national, de manière générale, possède un contenu, *de facto* non-protecteur du soldat face à son augmentation (B).

---

[190] Article L.1123-5 du CSP.

## B. Un droit national permissif en matière médicale

Deux exemples parlants présentent le contenu non protecteur du droit national concernant le soldat et son augmentation. Tout d'abord, la question des médicaments hors autorisation de mise sur le marché[191], qui présentent pour le soldat un risque d'augmentation sans contrôle préalable de la molécule (1). Le deuxième exemple est celui des vaccins au sein de l'armée, vaccins étant obligatoires (2).

### *1. La problématique des médicaments hors autorisation de mise sur le marché*

Dans le cadre de la guerre du Golfe, l'usage du Modafinil était un usage d'un médicament hors AMM, c'est-à-dire l'usage d'un médicament n'ayant pas obtenu le droit de mise sur le marché qui doit être obtenu après une série d'examens basée sur la balance bénéfices/risques. Cette autorisation doit être délivrée par l'Agence nationale de sécurité du médicament et des produits de santé.

Toujours est-il, qu'en l'espèce le Modafinil intéressait vivement l'armée pour ses propriétés, permettant de lutter contre le sommeil sans les effets négatifs des amphétamines. Le médecin-chef Ronan Tymen souligne à ce sujet qu'« *à l'époque, utiliser un médicament en l'absence d'AMM était banal. Nous pensions avoir suffisamment expérimenté le produit* »[192]. Cependant, cette molécule qui n'avait pas encore d'AMM et qui a été testée sur les soldats durant la guerre du Golfe a eu très probablement des retentissements, des années après, sur la santé des soldats[193]. Certains ont pu parler d'expérimentation sauvage ayant eu lieu sur les soldats[194], même si selon le rapport d'information de l'Assemblée nationale « *le 18 janvier 1991, la DCSSA a procédé à la mise en place, auprès de médecins de*

---

[191] Autorisation de mise sur le marché, ci-après nommée « AMM ».

[192] Yves BORDENAVE et Cécile PRIEUR, *op.cit.*

[193] Professeur Roger SALOMON, Rapport de « l'enquête française sur la Guerre du Golf et ses conséquences sur la Santé, répondant à la lettre de mission du 6 juin 2001 adressée par le cabinet du ministre du ministère de la Défense.

[194] Yves BORDENAVE et Cécile PRIEUR, *op.cit.*

*l'opération Daguet, de 2 250 boîtes de 8 comprimés de la substance éveillante appelée « Virgyl » ». « Ce composé avait fait l'objet d'une expérimentation chez l'homme en novembre 1990 dans des conditions se rapprochant de celles rencontrées en opérations. Son efficacité et l'absence d'effets secondaires avaient été démontrées »*[195]. Cependant, testée ou non sur l'homme préalablement, il n'y avait pas encore d'AMM pour utiliser cette molécule.

L'utilisation de médicament hors AMM est un réel sujet dans le cadre de l'augmentation du soldat. En effet, dans le cas du Modafinil, l'armée a pu bénéficier de cette molécule alors même qu'elle ne disposait pas d'AMM. On peut parfaitement imaginer que dans le cadre d'une toute nouvelle molécule permettant une augmentation des soldats, alors même qu'aucune AMM n'a été délivrée, l'armée s'en dote et augmente ses soldats sans aucun contrôle. De plus, après une loi de 2011 visant à renforcer la sécurité sanitaire du médicament et des produits de santé[196], c'est finalement par deux décrets de 2021[197] et 2022[198] que l'accès précoce aux médicaments innovants s'est renforcé. Il suffit d'un accord de la haute Autorité de santé après avis de l'Agence nationale de sécurité du médicament et des produits de santé, sur la présomption d'efficacité et de sécurité d'un médicament pour qu'un accès précoce à un médicament soit délivré. Il paraît évident que la nécessité militaire ou encore l'intérêt supérieur de la Nation justifierait toujours l'accès précoce à des médicaments innovants.

Ainsi, le recours à des médicaments hors AMM est un exemple parlant dans le défaut d'encadrement juridique de l'augmentation du soldat. C'est une porte ouverte à une utilisation abusive de molécules, comme ce fut le cas lors de la

[195] Assemblée nationale, rapport d'information n°3055, 15 mai 2001.
[196] Loi n° 2011-2012 du 29 décembre 2011 relative au renforcement de la sécurité sanitaire du médicament et des produits de santé.
[197] Décret n° 2021-869 du 30 juin 2021 relatif aux autorisations d'accès précoce et compassionnel de certains médicaments.
[198] Décret n° 2022-164 du 11 février 2022 relatif aux cadres de prescription compassionnelle et modifiant les dispositions du code de la santé publique relatives aux autorisations d'accès précoce et compassionnel.

guerre du Golfe. Un autre exemple dans le même sens est assez parlant, celui des vaccins (2).

### 2. *La problématique des vaccins dans l'armée*

L'armée a de tout temps vacciné ses soldats. Ce processus de vaccination généralisée peut être largement perçu comme une augmentation du soldat car elle lui permet de résister aux maladies. Dans le cadre de cette augmentation, une nouvelle fois, peut être constaté le fait que l'augmentation se fait dans un cadre juridique non protecteur du soldat ou, du moins à défaut de son consentement libre et éclairé.

L'article D. 4122-13 du code de la Défense dispose « *les obligations en matière de vaccinations applicables aux militaires sont fixées par instruction du ministre de la Défense* ». Peut être, à ce titre citée l'instruction n° 504783/ARM/DCSSA/SDD relative à la vaccination contre la COVID-19 dans les forces armées et formations rattachées du 19 avril 2022 qui selon son article 1er intègre au calendrier vaccinal, la vaccination contre la COVID 19. Cette instruction dispose en son article 2 que « *cette vaccination a pour objectifs de préserver la santé du personnel et de maintenir la capacité opérationnelle des forces armées et formations rattachées* », le but semble bien d'augmenter les soldats afin de maintenir une capacité opérationnelle effective. Il est à relever que l'absence de coopération peut entraîner une procédure disciplinaire ou encore une suspension de fonction[199]. Dès lors, il semble que le militaire se trouve contraint d'accepter cette augmentation invasive.

Force est de constater que le calendrier vaccinal du militaire à l'incorporation est assez chargé[200]. Se retrouve au rang des vaccinations obligatoires la vaccination contre l'Hépatite B, vaccination qui est encore aujourd'hui très controversée. Dans le milieu militaire, elle est obligatoire. Cette vaccination peut entraîner l'apparition de la sclérose en plaques, qui demandait

---

[199] MDMH, « Vaccination obligatoire dans les armées : mise en œuvre et conséquences du non-respect des obligations », *in* Actualités militaire, Droit des militaires, 10 septembre 2021.

[200] Service de santé des armées, « Fiches techniques calendrier vaccinal », vaccination-info-service.fr, 2023.

pour obtenir une indemnisation, un lien de causalité établi, mais qui demande aujourd'hui, depuis une décision du Conseil d'État du 29 septembre 2021, une causalité probable, « *pour écarter toute responsabilité de la puissance publique, il appartenait à la cour, non pas de rechercher si le lien de causalité entre l'administration d'adjuvants aluminiques et les différents symptômes attribués à la myofasciite à macrophages était ou non établi, mais de s'assurer, au vu du dernier état des connaissances scientifiques en débat devant elle, qu'il n'y avait aucune probabilité qu'un tel lien existe* »[201].

Apparaît une nouvelle augmentation du soldat, une augmentation invasive, visant à le rendre plus résistant, qu'il ne peut refuser sous peine de sanction. Il est évident qu'une fois de plus l'impératif de protection de la Nation, par le biais d'une armée opérationnelle, est en jeu et prédomine. Nous sommes loin de l'intérêt privé qui doit primer sur l'intérêt public de l'article L.1121-2 du code de la santé publique issu de la loi Jardé.

Le soldat, dans cette augmentation invasive, agit non pour lui, mais pour la protection de ses frères d'armes et surtout dans l'intérêt de la préservation des effectifs opérationnels sur le terrain. En l'espèce, il semble bien que le contenu du droit national ne paraît pas s'arroger la place de protecteur du soldat face à son augmentation.

Ainsi, il apparaît que le droit national semble être permissif en matière d'augmentation du soldat. Des exception faite pour protéger le secret défense, aux obligations vaccinales, il semble que le soldat ne dispose pas pleinement de son corps et par conséquent de son libre arbitre en matière d'augmentation. Finalement, ce droit national semble avoir un parti pris certain pour la protection de la Nation face à la protection du soldat (§2).

---

[201] CE, *déc.* n°435323, 29 septembre 2021.

### *§2 – La politique nationale : un parti pris pour la protection de la Nation*

La politique nationale de défense a un parti pris certain pour la protection de la Nation, cela se voit à travers le poids de la protection de la Nation, qui pèse sur les épaules de l'armée et donc du soldat (A) mais aussi à travers la politique de défense qui trace un chemin vers l'augmentation des soldats (B).

#### A. Le poids de la protection de la Nation

Les soldats portent le poids de la protection de la Nation. Il y a cette idée prégnante de l'idéal de la Nation, cet idéal suscite l'intérêt du soldat et le pousse à donner sa vie pour une cause qui le dépasse (1), chose qui trace un chemin vers l'augmentation du soldat (2).

##### *1. L'idéal de la Nation*

Le statut général des militaires débute par l'article L. 4111-1 qui dispose que « *l'armée de la République est au service de la Nation. Sa mission est de préparer et d'assurer par la force des armes la défense de la patrie et des intérêts supérieurs de la Nation. L'état militaire exige en toutes circonstances esprit de sacrifice, pouvant aller jusqu'au sacrifice suprême, discipline, disponibilité, loyalisme et neutralité. Les devoirs qu'il comporte et les sujétions qu'il implique méritent le respect des citoyens et la considération de la Nation. (...) La condition militaire recouvre l'ensemble des obligations et des sujétions propres à l'état militaire, ainsi que les garanties et les compensations apportées par la Nation aux militaires* ». Dès le commencement du statut général des militaires apparaît ce lien intime entre armée et Nation. L'armée est au service de la Nation et la Nation doit à l'armée considération et reconnaissance.

Le soldat se bat et donne sa vie pour cet idéal lointain qu'est la Nation. Ernest Renan en donne une définition en disant « *L'homme n'est esclave ni de sa race ni de sa langue, ni de sa religion, ni du cours des fleuves, ni de la direction des chaînes de montagnes. Une grande agrégation d'hommes, saine d'esprit et chaude de cœur, crée une conscience morale qui s'appelle une nation* »[202]. La Nation semble être un élan du cœur, une volonté commune, un esprit commun. C'est cette Nation qui pousse les soldats à s'engager, ils ont ce désir de la défendre corps et âme, car ce sont « *des citoyens ayant renoncé à une partie de leurs droits pour servir la nation et ses valeurs* »[203]. Ces défenseurs de la Nation emportent le poids de cette dernière. Ils se doivent de la défendre car ils en ont épousé l'idéal.

L'idéal de cette Nation si belle, si grande, à défendre peut emporter le corps du soldat et son être entier. Il doit être prêt à donner sa vie pour la défendre. Ce métier n'est alors pas anodin et surtout il emporte une considération forte, la Nation est un poids pour le soldat. Certes, il s'est engagé en connaissance de cause et c'est pour la défendre qu'il l'a fait mais il s'est engagé pour cet idéal et en porte le fardeau. La Nation est son cap et son poids le plus lourd. Si la Nation est à défendre au prix de sa vie, il apparaît facilement que l'augmentation sera une possibilité envisageable, voire inévitable. Le statut général des militaires ne protège en rien le soldat contre cela et bien au contraire, il doit préserver le secret de la défense[204] par exemple, pour le bien de la Nation.

Ainsi, il apparaît que l'idéal de la Nation exacerbé par le code de la Défense trace un chemin vers l'augmentation du soldat (2).

### *2. Un chemin vers l'augmentation*

Le militaire est guidé par cet idéal de la Nation et porte le poids de sa protection. Le chemin tracé vers l'augmentation se manifeste alors de deux manières complémentaires. Tout d'abord, ce lien intime entre l'armée et la Nation laisse une trace indéniable et une influence de la Nation sur l'armée, ensuite l'armée qui porte ce poids de la protection est plus à même d'accepter l'augmentation.

---

202 Ernest RENAN, *Qu'est-ce qu'une Nation*, Flammarion, Champs Classiques, mars 2011.

203 Chef de bataillon Louis-Joseph MAYNIE, « De pugnatoris trinitate. L'augmentation du combattant, d'une trinité à l'autre », fondapol.

204 Article L4121-2 du code de la Défense.

En effet, l'armée devient le reflet de cette Nation qu'elle protège et c'est alors, qu'elle ne pourra définir son approche de l'augmentation indépendamment de la société. L'armée devra « *notamment bénéficier des résultats des « veilles informationnelles » relatives aux phénomènes d'augmentation observés chez les adolescents, par exemple les effets psychostimulants procurés par des substances prescrites dans les cas de trouble déficitaire de l'attention et d'hyperactivité (TDAH)* »[205], il y aura un lien certain entre les avancées civiles et les augmentations du soldat de demain. L'armée ne pourra se séparer de la Nation et des idées qu'elle porte, une influence intarissable agira entre les deux. Cet idéal que l'armée se doit de défendre en fait partie intégrante et le soldat, « *influencé par son éducation, son environnement ou ses études et qui se met au service de son pays, est avant tout citoyen, une jeune femme ou un jeune homme qui fait partie de cette communauté d'individus composant les différents corps au service des intérêts supérieurs de la nation* »[206].

À la fois témoin et acteur, le soldat porte le poids de la Nation dont il fait partie intégrante et qu'il choisit librement de défendre. Il en porte le poids car il prend les armes en son nom, il peut ôter la vie en son nom et mourir en son nom. Le soldat, qui se doit de défendre la Nation dont il fait partie, sera indéniablement tenté par l'augmentation et qui plus est, si elle vient de la Nation elle-même. Ce poids de la protection de la Nation présent dans le statut général des militaires – statut provenant du latin « statutum » signifiant « ce qui est statué, posé comme principe » – est un poids librement consenti mais qui peut aussi pousser le soldat à faire des choix, non forcément, pleinement éclairés.

Il semble à tous égards que le statut général des militaires qui promeut la protection de la Nation ne promeuve pas la protection du soldat face à son augmentation. Le droit national prend le parti d'une protection de la Nation, nimbée par des idéaux politiques de défense du territoire (B).

---

[205] Général Benoît CHAVANAT, « Le recrutement face au défi de la normalité, remise en cause par l'augmentation des performances », fondapol.

[206] Gérard de BOISBOISSEL, « Le soldat augmenté : regards croisés sur l'augmentation des performances du soldat », fondapol.

B. La politique de défense, vers une augmentation des soldats

L'armée représente la force du pays à l'étranger ou sur le territoire (1), cette charge n'est pas anodine et la politique de défense alloue de gros budgets à l'armée. Ces budgets ont considérablement augmenté et la place laissée à l'innovation est prépondérante. L'augmentation du soldat s'opère, aussi, par ces budgets que l'État alloue à l'armée (2).

### *1. L'armée représentante de la force du pays*

L'armée représente la force militaire d'un État, que ce soit sur le territoire national ou à l'étranger. Le statut général des militaires de 2005, en son article 1 exprime ce qu'est l'identité militaire, le fait « *d'assurer par la force des armes la défense de la patrie et des intérêts supérieurs de la nation* ». Cette représentante de la force d'un pays sur le territoire national et à l'étranger pousse nécessairement les armées à se comparer et à vouloir être la plus performante possible, car elle doit, en cas d'attaque, assurer la défense de la Patrie. Lors du colloque neuroscience et monde militaire, organisé par le CReC de Saint-Cyr et l'IRBA, il a pu être dit que « *si un État se lançait dans l'augmentation de ses soldats nous serions contraints de faire de même* »[207]. En effet, cette course à l'armement n'est pas l'exclusivité des deux grandes puissances lors de la guerre froide, bien au contraire, elle perdure et a été réaffirmée avec la guerre en Ukraine.

C'est ainsi que toutes les Nations se dotent de programmes d'augmentation des performances humaines. Peuvent être cités, pour exemple, THOR3 (Tactical Human Optimization and Rapid Rehebailitation and Reconditioning) dans les forces spéciales de l'US Army ; OPF2 (Optimizing Performance Force and Family) dans les forces spéciales canadiennes. Il paraît évident que tous ces programmes sont des « *copiez-collez les uns des autres et tentent d'agréger autour des soldats tout l'environnement*

[207] Colloque neuroscience et monde militaire organisé par le CReC de Saint-Cyr et l'IRBA, 31 mai 2023, (actes à paraître).

*nécessaire à la réussite de la mission* »[208]. Toutes les armées sont guidées par la prévention des blessures, la stabilité émotionnelle, la performance afin de mener à bien la mission pour laquelle l'armée est déployée. L'armée doit représenter l'État, et par ses actions, et par sa discipline ainsi que son image. Le fait de montrer à un autre État que l'armée est performante, qu'elle dispose des meilleurs armements, participe du rayonnement de l'État. Les deux derniers points du code du soldat français sont les suivants « *La mission est sacrée, je l'accomplis jusqu'au bout avec détermination et esprit d'initiative. Le succès des armes de la France guide mon action* ».

Cet honneur de représenter son pays à l'étranger peut aussi apparaître comme une pression, le soldat français doit être meilleur que le soldat d'un autre pays. Cette considération va dans le sens de cette démonstration : le soldat français semble ne pas être protégé contre son augmentation ; augmentation qui semble lui être imposée naturellement, par son choix du métier des armes.

L'armée qui représente l'État, la Nation, la force d'un pays, à l'étranger comme sur son territoire est une raison de plus pour promouvoir l'augmentation des soldats, et cela semble être un argument supplémentaire du soldat, du commandement, des médecins et des dirigeants en faveur de l'augmentation des militaires. Les budgets annuels accordés à l'armée sont aussi une mise en lumière des choix politiques concernant l'augmentation des soldats (2).

### 2. *Les budgets annuels révélateurs de l'augmentation des soldats*

En France de grands budgets sont alloués à l'armée annuellement. Les statistiques parlent d'elles-mêmes, en 2017 le budget était de 32,3 milliards d'euros et est passé à 43,9 milliards d'euros pour l'année 2023 ; sachant qu'en 2021 le budget était de 32,9 milliards d'euros et que la France a dépensé 49,4 milliards

[208] Nicolas ZELLER, « Comment adapter le monde médical militaire à la pression sociale civile et aux nouveaux usages ? », fondapol.

d'euros pour sa défense[209]. La France ne cesse d'augmenter les budgets alloués à l'armée. Le 4 décembre 2020, l'ancienne ministre des Armées, Madame Florence Parly, avait signé une lettre d'intention de création d'un « fonds innovation défense » doté de 200 millions d'euros[210]. Depuis lors, cette innovation défense bénéficie de budgets ambitieux, la loi de programmation militaire 2019-2025 alloue 270 millions d'euros supplémentaires à l'innovation de la défense, par an. Les missions de cette agence d'innovation sont diverses, mais les principales sont : «

- *orienter et conduire l'innovation de défense et les dispositifs qui lui sont confiés ;*
- *susciter et capter l'innovation provenant du monde civil hors défense ;*
- *valoriser, transférer et accélérer pour déployer l'innovation au profit des utilisateurs et opérationnels du ministère ;*
- *identifier et mettre en œuvre une démarche d'innovation pour prévenir la surprise stratégique.* »[211]

Le document de référence de l'orientation, de l'innovation de défense (DrOID) de 2022 traite des diverses innovations et notamment dans le domaine de la « *robotique au sol et près du sol,* [qui avec] *les technologies d'intelligence artificielle permettront de progresser sur l'autonomie décisionnelle des robots (...), sur la coopération multirobots et la conduite semi-autonome des systèmes habités et des exosquelettes* »[212]. De plus, depuis décembre 2014, le programme Scorpion[213] est un programme d'innovation de l'armée et de l'armement qui nécessitera jusqu'en 2025, 5 milliards d'euros, et qui entend notamment développer la robotique, la survivabilité ou encore les

[209] Statista Research Department, "Dépenses publiques dédiées au secteur de la défense en France de 2017 à 2030", *in* Statista, 23 mai 2023.

[210] Ministère des Armées, « Les chiffres clés de la Défense », édition 2021.

[211] Ministère des Armées, « Agence de l'innovation de défense : mission de l'agence », 2022.

[212] DrOID, « Combat terrestre », 2022, page 27.

[213] L'acronyme SCORPION signifie Synergie du Contact Renforcée par la Polyvalence et l'Info-valorisation. Lancé le 5 décembre 2014, ce programme d'armement prévoit pour l'heure : la livraison de nouveaux blindés (Griffon, Serval et Jaguar), la rénovation des chars Leclerc et la livraison d'un nouveau système d'informations de combat (SIC-S).

tirs au-delà des vues directes[214]. Le soldat voit alors sa vision fortement augmentée par des technologies optroniques avec des capteurs ou une réalité augmentée. Grâce au programme Félin[215] le soldat bénéficie d'un casque avec équipements optroniques[216], une binoculaire de vision nocturne, un bandeau communicant avec système de radio par ostéophonie (vibration osseuse), un oculaire de vision déportée permettant l'observation ou le tir à l'abri des vues en journée et enfin des jumelles infrarouges.

Toutes ces augmentations du soldat passent par l'innovation et les budgets alloués par l'État à l'armée. L'augmentation des budgets alloués pour la défense et l'innovation ne sont pas anodins. L'État, par sa politique de défense et par les lois de finances, participe à l'augmentation du soldat.

---

[214] Ministère des Armées, « Le programme Scorpion ».

[215] L'acronyme FÉLIN signifie Fantassin à Equipements et Liaisons Intégrés. Lancé en 2001, ce programme visait à faire entrer l'infanterie dans un champ de bataille numérique en info-centrant toutes les fonctions élémentaires du fantassin, à savoir sa protection, ses capacités d'observation, d'attaque de mobilité et de communication. Ce projet est aujourd'hui arrivé à maturité et est opérationnel.

[216] Revue défense nationale, « L'optronique un nouvel acteur du renseignement, discret mais omniprésent et stratégique », revue n°756, janvier 2013 : « *un système optronique comporte quatre étages : une entrée optique de lentilles et/ou de miroirs permettant de capter le flux de photons nécessaire ; un "détecteur" qui transforme ces photons en un signal numérique, dont la technologie varie selon la partie du spectre électromagnétique utilisée ; un ensemble de traitements numériques visant à améliorer l'image et, éventuellement, à la "comprendre", c'est-à-dire en tirer les informations caractéristiques ; enfin un étage d'exploitation, le plus souvent par visualisation au profit d'un opérateur, mais de plus en plus fréquemment par livraison des informations à un "effecteur" : guidage d'un missile, commandes d'un robot, transmission d'une alerte, etc* ».

Le droit national ainsi que la politique nationale de défense sont fortement tendancieux au regard de la protection du soldat face à son augmentation ; privilégiant la nécessaire protection de la Nation, ils constituent même une porte ouverte vers l'augmentation du soldat. Maintenant, il s'agit de se pencher sur le droit international de la guerre et de constater qu'il ne constitue pas non plus une protection pour le soldat face à son augmentation (section 2).

## SECTION 2 – Un droit international de la guerre, non-protecteur en matière d'augmentation du soldat

Le droit international de la guerre ne protège pas le soldat contre son augmentation. Il paraît, effectivement protecteur à bien des égards, encadrant à la fois les conflits armés et le recours à l'armement (§1). Mais, finalement, il se révèle être impuissant face à l'augmentation du soldat, étant, tout à la fois, démuni, juridiquement, face à l'augmentation du soldat et conditionné au bon vouloir des États souverains (§2).

### *§1 – Un contenu apparemment protecteur*

Le droit international encadre, à la fois, les conflits armés (A) et également le recours à l'armement (B). Il est à préciser que ces deux notions sont issues du droit international coutumier, droit qui s'affirme avec force comme le démontre la décision de la Cour internationale de justice, dans son arrêt Plateau continental de la mer du Nord[217].

#### A. L'encadrement des conflits armés

Il y a un encadrement certain, de la part du droit international, concernant la guerre. Ce droit est intéressant et important à mettre en lumière dans le cadre de la présente démonstration car c'est lui qui fixe les règles du recours à la force armée et donc c'est en son sein que sont recherchées les limites à l'augmentation du soldat qui pourraient venir protéger le militaire. Le droit international encadre la guerre, à la fois lors du recours à la force armée, le *jus ad bellum* (1) et lorsque les combats sont déclarés, le *jus in bello* (2).

---

[217] Cour internationale de justice, Affaire du Plateau continental de la mer du Nord, 20 février 1969. Affaire concernant la délimitation du plateau continental de la mer du Nord entre le Danemark et la République fédérale d'Allemagne et entre les Pays-Bas et la République fédérale d'Allemagne, dont la question était de savoir si la règle de délimitation du territoire par le concept d'équidistance était un droit coutumier ou non et donc applicable ou non, « *le principe de l'équidistance ne constitue pas une règle de droit international coutumier* », § 60 à 82.

### *1. Le jus ad bellum et l'augmentation du soldat*

Le *jus ad bellum* fait référence « *aux raisons légitimes qu'un État peut avoir de s'engager dans la guerre* »[218], il répond à la double question du « *qui a le droit de recourir à la force armée et pourquoi ?* »[219]. Ce droit coutumier a été inscrit dans la Charte des Nations Unies et réglemente le recours à la force armée. Avant tout, le règlement des différends doit être trouvé dans une « *négociation, enquête, médiation, conciliation, arbitrage, règlement judiciaire, recours aux organismes ou accords régionaux, ou par d'autres moyens pacifiques de leur choix* »[220]. Ensuite, c'est le conseil de sécurité qui « *constate l'existence d'une menace contre la paix, d'une rupture de la paix ou d'un acte d'agression et fait des recommandations ou décide quelles mesures seront prises* »[221] ; autrement dit, il lui revient de dire si oui ou non il y a eu acte d'agression et donc si oui ou non les États peuvent riposter. Cet acte d'agression est défini par la résolution 3314 de l'Assemblée générale des Nations Unies, du 14 décembre 1974 qui expose que l'acte d'agression est « *l'emploi de la force armée contre la souveraineté, l'intégrité territoriale ou l'indépendance politique d'un autre État, ou de toute autre manière incompatible avec la Charte des Nations unies* ». Trois critères sont analysés afin de constater un acte d'agression :

- un acte étatique ;
- utilisant la force armée ;
- atteignant un certain degré de gravité.

Ainsi, si demain la question se posait : est-ce que l'attaque par un drone tueur ou un soldat augmenté (hypothèse d'un mi-homme, mi-robot), d'un État, constitue un acte d'agression ? La réponse serait que, si cet acte réunit tous les critères définis ci-dessus, le Conseil de sécurité pourrait déclarer qu'il s'agirait d'un acte d'agression et donc déclarer que le recours à la force armée serait possible. Dans une tout autre hypothèse, au regard des

---

218 Karma NABULSI, "Jus ad bellum / Jus in bello", *in* Crime of War.
219 David CUMIN, *Manuel de droit de guerre*, juillet 2020, page 37.
220 Article 33 de la Charte des Nations Unies.
221 Article 39 de la Charte des Nations Unies.

guerres hybrides, il est possible de considérer qu'un système informatique, une puce implantée dans le cerveau d'un soldat puisse faire l'objet d'un piratage et qu'un soldat augmenté, contrôlé à distance, attaque un État. La question se poserait nécessairement : qui est reconnu auteur de l'attaque ? Qui est celui qui agresse ? Est-ce un acte d'agression ? Toutes ces questions hypothétiques, pour l'heure, mais à prendre en considération dans le cadre de l'augmentation des soldats, bouleverseraient le droit international coutumier en matière de recours à la force armée.

Ainsi, pour qu'il y ait recours à la force armée, le Conseil de sécurité doit avoir déclaré qu'il y a « acte d'agression » et dans ce cas il peut autoriser l'État à avoir recours à la force armée pour rétablir la paix. Mais selon l'article 51 de la Charte, il est aussi reconnu aux États le droit « *naturel de légitime défense* ». Ainsi, il y a un droit de recours à la force armée et ce dernier subirait, nécessairement, les impacts de l'augmentation du soldat.

Le droit du recours à la force armée est réglementé et il n'est pas possible, du moins normalement, d'y avoir recours, quand bon le semble à un État. L'autre encadrement de la guerre est le *jus in bello* (2).

### 2. *Le jus in bello et l'augmentation du soldat*

Là où le *jus ad bellum* réglemente l'entrée en guerre, le *jus in bello* réglemente la guerre, une fois déclarée. Il répond à la double problématique de « *qui a le droit d'utiliser la force armée et comment a-t-on le droit d'utiliser la force armée* »[222]. C'est alors un droit qui organise les rapports entre les ennemis. Ce *jus in bello* a été, lui aussi, retranscrit au sein du droit international humanitaire constitué notamment par les Conventions de Genève ou encore les principes du Comité international de la Croix-Rouge.

Les divers principes du droit de la guerre sont les suivants : le principe d'humanité, de distinction, de proportionnalité, de précaution, de nécessité et de limitation des

[222] David CUMIN, *op.cit.*, page 140.

moyens et méthodes de combat. Autrement dit est recherché un équilibre entre les buts et objectifs de la guerre et le respect des considérations humanitaires et des droits humains.

Le principe de distinction impose l'obligation d'effectuer une distinction entre les cibles civiles et militaires lors de la conduite d'une opération, donc a priori un soldat augmenté ne pourrait tirer sur un civil sauf à penser qu'il puisse, dans l'hypothèse ci-dessus, ne plus être à même de décider, dans une hypothèse de perte de son libre arbitre ou de piratage. Les principes de nécessité et de proportionnalité vont de pair et impliquent qu'un acte soit à la fois nécessaire et proportionné dans son objectif. Toute la question est de savoir si l'augmentation des soldats est spécifiquement nécessaire et proportionnée, sachant qu'ils sont augmentés pour obtenir un avantage militaire et donc est ce que le degré de force engagé est en adéquation avec l'objectif militaire ? Est-ce qu'envoyer des soldats augmentés au front n'est pas un acte disproportionné ou non nécessaire ? La question peut légitimement se poser pour des augmentations invasives « extrêmes » comme une puce dans le cerveau. Mais s'agissant des augmentations telle que le Modafinil par le passé, le Docteur Bigard, ancien docteur de l'IRBA expliquait « *on a eu recours au Modafinil pour des opérations coup de poing en situation d'isolement total, où le maintien de l'éveil est essentiel – la destruction d'un site ou d'un personnage, la libération d'un otage. Typiquement ce genre de situation où les gars jouent leur peau* »[223]. Dans ces situations, l'éthique passe souvent en second plan et alors la nécessité et la proportionnalité semblent être respectées. Comme l'explique le médecin Marion Trousselard « *franchement, on ne se pose pas la question !* »[224].

Ainsi, de telles augmentations, par les psychostimulants, pourraient être conformes au droit international humanitaire, au *jus in bello*. Et ce même droit international, qui protège les civils et veille au respect des principes d'humanité, de distinction, de proportionnalité, de nécessité et de limitation des moyens et méthodes de combat semble protéger les soldats contre une

---

223 Marion GUÉRIN, *op.cit.*
224 *Ibid.*

augmentation invasive qui ne les rendrait plus maîtres d'eux-mêmes et les pousserait aux pires atrocités.

Ce droit de la guerre est intéressant à analyser, à bien des égards, pour constater que la guerre, même si elle est nimbée d'atrocités en tous genres, reste réglementée et les États engagent leur responsabilité s'ils ne respectent pas ces principes. Cependant, il n'y a pas que le droit de faire la guerre qui est encadré, mais aussi l'utilisation des armes et leur développement (B).

### B. L'encadrement relatif à l'armement

Le soldat est la ressource humaine de la défense, mais le soldat augmenté sera demain l'arme de la Nation. Si ce qui fait l'office de l'augmentation n'est plus l'armement mais le soldat, alors, ce même soldat devient l'arme du combat. C'est ainsi que l'encadrement, par le droit international, de l'armement est nécessaire à analyser. Cet encadrement est de deux ordres : lors de l'utilisation des armes (1) et lors du développement de nouvelles armes (2).

#### *1. L'encadrement de l'utilisation des armes, une protection apparente face à l'augmentation*

Un principe irrigue le droit international de la guerre, « *le seul but légitime de la guerre prévu par le droit des conflits est d'affaiblir et de dominer les forces armées adverses* »[225], à aucun moment, la guerre n'a pour but, dans le droit international, de tout détruire. Voilà pourquoi, l'utilisation des armes est réglementée. Diverses conventions internationales sont venues réglementer ou interdire l'utilisation de certaines armes comme la Convention du 10 octobre 1980 sur l'interdiction ou la limitation de l'emploi de certaines armes classiques qui interdit, avec son protocole III, les armes incendiaires ou encore les lasers aveuglants, avec son protocole IV. La Convention d'Oslo, conclue à Oslo le 18 septembre 1997 par la Conférence diplomatique, traite de l'interdiction totale des mines terrestres

---

[225] Dictionnaire pratique du droit humanitaire, « Méthodes de guerre ».

antipersonnel[226] et sur le même sujet, il y a également la Convention d'Ottawa adoptée le 18 septembre 1997. La Convention de Genève et notamment son protocole additionnel du 12 août 1949, relatif à la protection des victimes des conflits armés internationaux dispose, en son article 51, que les attaques sans discriminations sont interdites et notamment « *des attaques dans lesquelles on utilise des méthodes ou moyens de combat qui ne peuvent pas être dirigés contre un objectif militaire déterminé* ». Sont alors interdites les bombes à sous-munitions, les mines antipersonnels, les armes nucléaires, chimiques ou encore les robots tueurs. Les robots tueurs sont des armes autonomes excluant toute intervention humaine, ces derniers sont développés, selon Amnesty International, par la Chine, la Corée du Sud, les États-Unis, Israël, le Royaume-Uni et la Russie[227].

Ici encore, il n'est pas excessif de dire que le droit international, en matière d'utilisation des armes, réglemente strictement leur utilisation et que, si demain les États développent des soldats augmentés, ils auront interdiction de créer des soldats tueurs qui ne s'adonnent pas à une discrimination des cibles. Il semble apparaître, ici encore, une forme de protection du soldat contre son augmentation. La France, qui a ratifié toutes ces Conventions et donc qui emportent « *une autorité supérieure à celle des lois* »[228], se doit de les respecter et ne peut développer des augmentations allant à l'encontre de ces grands principes protecteurs.

Le soldat français trouve, au sein du droit international humanitaire, une forme de protection. Il ne pourrait faire l'objet d'une augmentation qui ferait de lui une arme destructrice ne mettant pas en œuvre la discrimination des cibles et dont le seul

---

226 Mines placées sur ou sous le sol et n'explosant qu'avec le passage de l'ennemi.

227 Amnesty International, « *Quelles armes sont interdites par le droit international humanitaire ?* », Amnesty.fr.

228 Article 55 de la Constitution « *Les traités ou accords régulièrement ratifiés ou approuvés ont, dès leur publication, une autorité supérieure à celle des lois, sous réserve, pour chaque accord ou traité, de son application par l'autre partie* ». Sachant que selon la jurisprudence, CE, *déc.* n°200286, Sarran et Levacher, 30 octobre 1998, la Constitution emporte une supériorité sur les traités dans l'ordre juridique interne.

objectif serait de tuer, détruire ou d'infliger des traitements inhumains et dégradants.

Le droit international de la guerre réglemente et peut interdire l'utilisation de certaines armes. En ce sens, il s'arroge la place de filtre éthique au niveau de l'augmentation du soldat, des pays ayant ratifié les Conventions. Mais il ne s'arrête pas là et va même jusqu'à encadrer le développement de nouvelles armes (2).

### *2. L'encadrement du développement de nouvelles armes, une protection apparente face à l'augmentation*

L'article 22 du Règlement de la Haye de 1907 déclare que « *les belligérants n'ont pas un droit illimité quant au choix des moyens de nuire à l'ennemi* », et effectivement, dans le développement de nouvelles armes, ils sont fortement limités et cela notamment grâce à l'article 36 du protocole additionnel aux Conventions de Genève du 12 août 1949[229]. Dès lors, les nouveaux moyens et méthodes de guerre font l'objet d'un examen de conformité préalable, sachant que cet examen obligatoire avait déjà été prévu par la Déclaration de Saint Pétersbourg de 1848[230]. Cet examen de conformité doit se faire, selon l'article 36, en fonction « *des règles générales du DIH s'appliquant à toutes les armes, à tous les moyens et méthodes de guerre, ainsi que les règles particulières du DIH et du droit international interdisant l'emploi de certaines armes et moyens de guerre spécifiques ou imposant des restrictions à leurs*

---

[229] Article 36 – Armes nouvelles : « *Dans l'étude, la mise au point, l'acquisition ou l'adoption d'une nouvelle arme, de nouveaux moyens ou d'une nouvelle méthode de guerre, une Haute Partie contractante à l'obligation de déterminer si l'emploi en serait interdit, dans certaines circonstances ou en toutes circonstances, par les dispositions du présent Protocole ou par toute autre règle du droit international applicable à cette Haute Partie contractante* ».

[230] Déclaration de Saint Pétersbourg, interdisant l'usage de certains projectiles en temps de guerre, 29 novembre 1868, « *Les Parties contractantes ou accédantes se réservent de s'entendre ultérieurement, toutes les fois qu'une proposition précise serait formulée en vue des perfectionnements à venir que la science pourrait apporter dans l'armement des troupes, afin de maintenir les principes qu'elles ont posés et de concilier les nécessités de la guerre avec les lois de l'humanité* ».

*méthodes d'utilisation* »[231]. Selon le Comité international de la Croix-Rouge, cette obligation vaut pour tous les États, même ceux n'étant pas partis à la Convention[232]. Le double enjeu de ce contrôle est de « *prévenir l'emploi d'armes qui contreviendraient au droit international en toutes circonstances, et imposer des restrictions à l'emploi d'armes qui contreviendraient au droit international dans certaines circonstances en déterminant leur licéité avant qu'elles ne soient mises au point, acquises ou autrement incorporées dans l'arsenal de l'État* »[233]. Le but étant d'interdire l'arme ou alors d'en limiter l'utilisation.

L'augmentation du soldat peut être analysée comme un « moyen ou une méthode de guerre », dans ce cas, nul besoin de se poser la question, l'augmentation du soldat doit être conforme à l'article 36. Cet article permettrait de ne pas accentuer les asymétries éventuelles, causées par le développement technologique et le développement du savoir scientifique. Le soldat augmenté considéré comme une arme, se verrait appliquer cet article 36, lui permettant d'être protégé contre des augmentations abusives, ou n'ayant d'autres buts que la destruction massive, passant par une perte significative, voire totale de son humanité. Le soldat étant un outil au service des missions, il se voit devenir un moyen, et son augmentation, une méthode de guerre qui ferait l'objet d'un contrôle de conformité, avant son développement.

L'encadrement des conflits armés et l'encadrement de l'utilisation et du développement de nouvelles armes semble apparaître comme une protection du soldat face à son augmentation. Il est, en droit international, protégé par ricochet contre son augmentation qui serait une arme destructrice et qui ne pourrait être admise par le droit international humanitaire. Mais attention, cette protection ne considérerait que des augmentations invasives « extrêmes », visant à faire du soldat

---

[231] Comité international de la croix-rouge, « *Guide de l'examen de la licéité des nouvelles armes et des nouveaux moyens et méthodes de guerre : Mise en œuvre des dispositions de l'article 36 du Protocole additionnel I de 1977* », Genève, janvier 2006, page 11.
[232] *Ibid.* page 5.
[233] *Ibid.* page 4.

une arme de destruction. Finalement, il apparaît que le droit international est impuissant dans la protection du soldat contre son augmentation (§2).

### *§2 – Le droit international de la guerre, impuissant face à l'augmentation du soldat*

Le droit international se révèle être impuissant face à l'augmentation du soldat. En effet, il apparaît que c'est lors d'une situation de conflit international que le soldat se voit augmenter et que le droit international se révèle être démuni (A). Mais ce n'est pas la seule manifestation de l'impuissance du droit international en la matière, car il se retrouve conditionné à la souveraineté des États (B).

#### A. Un droit international de la guerre démuni en matière de protection du soldat face à son augmentation

Tout d'abord le droit international est impuissant face à l'asymétrie technique et économique en matière d'armement, des États (1). De plus, comme le révèle l'histoire, le droit international est un droit de réaction en matière militaire et non pas un droit d'anticipation (2).

##### *1. L'asymétrie technique en matière militaire et l'augmentation du soldat*

« *L'asymétrie dans les conflits armés n'est ni interdite par le droit international ni une nouveauté. C'est elle qui permet d'ailleurs le succès des opérations militaires* »[234]. En effet, l'asymétrie lors des conflits est inhérente à la guerre et c'est d'ailleurs elle qui fait pencher la balance de la victoire dans un camp ou dans un autre. L'ancienne ministre des Armées, Florence Parly, a pu le dire dans sa déclaration sur l'armée et l'éthique à Paris le 4 décembre 2020 « *il nous faut être lucide,*

---

[234] Sandrine TURGIS, « L'augmentation du soldat à la croisée des droits de l'Homme et du droit des conflits armés », *in* CReC Saint-Cyr, « Le soldat augmenté : les besoins et les perspectives de l'augmentation des capacités des combattants », Les cahiers de la Revue Défense Nationale, Actes enrichis de la journée d'études du 19 juin 2017 au ministère des Armées, Paris, page 178.

*tout le monde n'a pas nos scrupules et c'est un futur auquel il nous faut nous préparer* », et l'avis portant sur le soldat augmenté, du Comité d'éthique de la Défense est clair à ce niveau « *il est impératif de ne pas inhiber la recherche sur le soldat augmenté (...) afin d'éviter tout risque de décrochage capacitaire de nos armées* ». Si des États travaillent sur l'augmentation de leurs soldats, il paraît évident que la France n'enverra pas ses militaires, sans augmentations, contre des « super-soldats » ennemis. Cette asymétrie qui se forge dans les conflits armés mais aussi en temps de paix n'est pas contrôlable et n'est pas contrôlée par le droit international.

C'est de l'asymétrie dans le développement des armes, des moyens et méthodes de guerre que les soldats français ou allemands gagnaient ou perdaient des batailles durant la Grande Guerre. Lorsque le 22 avril 1915 l'armée allemande réalise sa première attaque massive au gaz à Ypres, en Belgique, elle crée une asymétrie manifeste entre les forces. C'est ainsi que se développent par la suite des gaz toujours plus toxiques ou nocifs et c'est alors qu'une asymétrie se crée nécessairement.

Dans le cadre de l'augmentation du soldat, encore une fois, si les pays voisins développent des augmentations invasives ou non invasives afin d'augmenter leurs soldats, il apparaît que les autres États feront de même. Les États-Unis, par exemple, qui se positionnent comme la première puissance en matière de soldat augmenté[235], poussent nécessairement la Chine et la Russie à développer leur industrie en matière d'augmentation du soldat, qui poussent, eux-mêmes, la France à rester compétitive, sinon pourquoi avoir créé un Comité d'éthique de la Défense visant à mettre en garde contre les dérives ? Mais, il ne faut pas être naïf car l'ancienne ministre Florence Parly l'a aussi exprimé dans sa déclaration, « *c'est un avis qui n'est pas gravé dans le marbre et qui sera régulièrement reconsidéré à l'aune des prochaines évolutions* »[236]. L'asymétrie des combats, des armées, des armes, moyens et méthodes de guerre pousse les États à ne pas rester de

---

[235] Marina JULIENNE, interview de Pierre BOURGOIS, « Super-soldats : l'humain augmenté en temps de guerre, La revue de l'Institut Polytechnique de Paris, 22 juin 2022.

[236] Déclaration sur l'armée et l'éthique, Paris, 4 décembre 2020, *op.cit.*

marbre et à reconsidérer leurs effectifs, leurs objectifs et à moderniser leur armée. Cette asymétrie est inhérente aux conflits armés, c'est pourquoi le droit international est impuissant à cet égard. Il apparaît dès lors comme non-protecteur du soldat face à son augmentation.

Le droit international de la guerre se montre impuissant face à l'augmentation du soldat provoquée par l'asymétrie des combats et des forces militaires. Il est également impuissant, en matière d'augmentation du soldat, par sa posture de droit de réaction et non de droit d'anticipation (2).

### 2. *Un droit international de la guerre, un droit de réaction*

De tout temps, le droit international de la guerre, en matière de règlement des conflits armés, en matière de contrôle vis-à-vis des armes, moyens et méthodes de guerre a été un droit de réaction. Il paraît évident qu'il ne peut prévoir et anticiper une législation, un contrôle ou une interdiction vis-à-vis d'une arme, d'un moyen ou d'une méthode de guerre qui ne relève que de la spéculation.

C'est ainsi que la Convention sur certaines armes classiques, adoptée à Genève le 10 octobre 1980, n'a été qu'une Convention de réaction face aux nouvelles armes développées, telles que l'emploi de mines ou de pièges, d'armes incendiaires ou d'armes à lasers aveuglantes. Il en va de même pour la Convention d'Oslo et les armes à sous-munitions, adoptée le 30 mai 2008, après avoir constaté les méfaits que ces armes engendraient, utilisées pour la première fois par l'Allemagne et l'Union soviétique lors de la Seconde Guerre mondiale. Le traité de non-prolifération des armes nucléaires n'est entré en vigueur que le 5 mars 1970, donc bien après le projet Manhattan[237] ou encore l'obtention de l'arme nucléaire par l'Union soviétique en 1949, le Royaume-Uni en 1952, la France en 1960 et la Chine en 1964.

Le droit international réglementant l'armement est un droit de réaction, tout pousse à croire que, concernant l'augmentation du

---

[237] « Manhattan Project » est le premier programme américain scientifique et technique destiné à la réalisation de bombes atomiques. Ce programme a permis aux Etats-Unis d'être le premier État doté de l'arme nucléaire, à partir de 1945.

soldat, il agira après la bataille et réagira pour légiférer et tenter d'encadrer, une fois les augmentations présentent. Le droit international se montre, alors, impuissant face à l'augmentation du soldat, ne pouvant prendre la place d'un droit préventif en la matière – au regard notamment de la diversité des possibilités concernant l'augmentation des soldats – il demeurera, fidèle à lui-même, un droit de réaction, ne pouvant anticiper les diverses armes développées par les États. Il vise à protéger, à l'aide du droit international humanitaire, du *jus in bello* ou du *jus ad bellum*, la paix, les civils et les soldats.

Une fois de plus, le droit international ne semble pas s'arroger la place de grand défenseur du soldat face à son augmentation. Au contraire, il apparaît totalement impuissant et se manifeste, comme à l'accoutumée, comme un droit de réaction et non un droit de prévention en matière d'armement, puisqu'il ne peut anticiper les nouvelles armes que développent les États. L'impuissance du droit international en matière de recherche et de développement relatif à l'augmentation du soldat est mise en exergue par les États eux-mêmes et leur souveraineté (B).

### B. Un droit international de la guerre conditionné par la souveraineté des États

Le droit international, en matière d'armement, demeure conditionné à la souveraineté des États. Les États, en droit international, demeurent souverains et cela s'observe en matière de Défense et d'armement. Toute la question repose sur le fait que le soldat soit considéré comme une arme ou non, ce qui engendrerait une possible limite au développement du soldat augmenté par le droit international. Deux hypothèses peuvent alors se poser : l'une si le soldat n'est pas considéré comme une arme (1) et l'autre si le soldat est considéré comme une arme (2).

### *1. Une souveraineté étatique en matière de recherche et de développement du soldat augmenté : « le soldat augmenté n'est pas une arme »*

Matthew Beard et d'autres ont posé cette question « *il y a un débat sur la question de savoir si le combattant augmenté pourrait être classé comme une arme en vertu du droit international, et donc être soumis non seulement au droit des conflits armés en tant qu'agent humain, mais aussi à un examen des armes sujet à l'article 36 des Conventions de Genève* »[238].

Partant, si le soldat n'est pas une arme, l'article 36 des Conventions de Genève ne s'applique pas. Étant entendu que l'augmentation se développe par la voie médicale, il est à préciser que les États demeureraient souverains quant à la recherche biomédicale visant l'augmentation de leur soldat. Encadrée en France par le moyen de la loi Jardé, le droit international n'aurait pas sa place.

Il n'y aurait pas de contrôle sur le développement d'une nouvelle augmentation pour le soldat, du point de vue de l'article 36. Les États seraient pleinement libres de développer toutes les augmentations, qu'ils désirent, en respectant leur droit national et les engagements internationaux qu'ils ont conclus, mais il n'y aurait pas de contraintes quant au fait de devoir prouver « *si l'emploi en serait interdit, dans certaines circonstances ou en toutes circonstances* »[239].

En France, l'encadrement reviendrait à la recherche biomédicale. Recherche biomédicale qui est, il est possible de le dire, d'autant plus une question de souveraineté nationale, qu'elle touche à l'intime du corps du soldat ou du moins à son intégrité physique, morale et psychologique.

De plus, si la réification du soldat, inhérente à son augmentation, le considérait comme une arme, un moyen ou une méthode de guerre réglementée par l'article 36 du protocole additionnel I des Conventions de Genève de 1949, cela

---

[238] Matthew BEARD *et al.*, « Soldier Enhancement : Ethical Risks and Opportunities », pages 14-15.

[239] Article 36 du Protocole additionnel aux Conventions de Genève du 12 août 1949 relatif à la protection des victimes des conflits armés internationaux.

signifierait que la barrière éthique serait déjà franchie et que le soldat ne serait plus membre d'un corps mais moyen de réussite d'une mission, ne serait plus militaire mais méthode de guerre, ne serait plus humain mais arme de destruction. Dès lors, le droit international humanitaire n'emporterait plus grande considération pour les États.

Dans cette hypothèse où le soldat augmenté ne serait pas considéré comme une arme, alors le droit international ne trouverait pas à s'appliquer et donc la souveraineté des États en matière de recherche et de développement des soldats augmentés serait pleine et entière.

L'autre hypothèse est celle qui implique que le soldat augmenté soit considéré comme une arme, dans ce cas encore, la souveraineté de l'État primerait (2).

### 2. *Une souveraineté étatique en matière de recherche et de développement du soldat augmenté : « le soldat augmenté est une arme »*

Si le soldat augmenté est considéré comme une arme, alors a priori l'article 36 doit s'appliquer, à la fois « *dans l'étude, la mise au point, l'acquisition ou l'adoption* » de l'augmentation du soldat. Cependant, force est de constater que le droit international, en matière d'armement, se plie au bon vouloir des États et de leur souveraineté en matière de Défense nationale. Pour exemple, concernant le traité de non-prolifération des armes nucléaires, les États ne sont pas contraints de le signer et c'est ainsi que trois États, ne l'ayant pas signé, sont devenus des puissances nucléaires : Inde, Pakistan, Israël. Les États demeurent libres de ne pas signer les traités et donc ils peuvent souverainement décider de développer des armes, moyens et méthodes de guerre. Mais cette souveraineté ne s'arrête pas là car l'État peut décider souverainement de se retirer d'un traité, comme ce fut le cas en 2003, pour la Corée du Nord, qui a depuis développé l'arme nucléaire.

La Corée du Nord n'a pas, par exemple, ratifié le protocole additionnel I des Conventions de Genève de 1949 et peut alors développer une arme, un moyen ou une méthode de guerre, comme bon lui semble. Par le jeu de l'asymétrie militaire et de la course à l'armement, il serait possible d'envisager que les États fassent jouer leur souveraineté nationale pour rechercher, développer et utiliser des soldats augmentés, en sortant du traité ou en mettant en avant la souveraineté nationale, la protection de leur territoire ou encore un principe inhérent à la Constitution de défense nationale, par exemple[240]. Sachant, qu'il ne faut pas oublier, que la Constitution emporte, une supériorité naturelle sur les traités, dans l'ordre juridique interne[241].

De plus, l'article 55 de la Constitution française précise « *les traités ou accords régulièrement ratifiés ou approuvés ont, dès leur publication, une autorité supérieure à celle des lois, sous réserve, pour chaque accord ou traité, de son application par l'autre partie* », ainsi si une partie ne respecte pas ses engagements, la France ne serait pas dans l'obligation de les respecter.

Ainsi, même si le soldat est considéré comme une arme, il n'en demeure pas moins que l'État reste souverain et que si ce dernier souhaite rechercher ou développer des soldats augmentés, il pourra le faire. Le droit international de la guerre apparaissant comme impuissant face à la souveraineté étatique.

---

[240] *Déc.* n° 2021-940 QPC, 15 octobre 2021, société Air France. Consécration du premier « principe inhérent à l'identité constitutionnelle de la France », « *Le Conseil constitutionnel juge conforme à la Constitution l'obligation pour les transporteurs aériens de réacheminer un ressortissant étranger dont l'entrée en France a été refusée, qui n'a ni pour objet ni pour effet de leur confier une mission de surveillance ou de contrainte. Cette obligation ne méconnaît pas l'interdiction de déléguer l'exercice de la force publique à des personnes privées, qualifiée en des termes inédits par le Conseil constitutionnel de principe inhérent à l'identité constitutionnelle de la France* ».

[241] *Déc.* Sarran et Levacher, *op.cit.*

Ainsi, force est de constater, que le droit national et la politique de défense nationale, qui prennent le parti de la nécessaire protection de la Nation, et le droit international de la guerre, impuissant face à l'augmentation du soldat, il y a un défaut certain de protection du soldat face à son augmentation. Après avoir cherché pourquoi, aujourd'hui en France, malgré les progrès techniques et technologiques, le soldat demeure protégé, pour l'heure, contre son augmentation, la réponse a été trouvée dans une tout autre forme de protection, qui relève de valeurs transcendantales et de principes inhérents à la France et à l'armée (chapitre 2).

# CHAPITRE 2

# UNE AUTRE FORME D'ENCADREMENT POUR L'AUGMENTATION DU SOLDAT

L'augmentation du soldat est très inefficacement encadrée. Ce cadre juridique lacunaire est menaçant pour le soldat, c'est pourquoi il est nécessaire d'aller chercher une tout autre forme d'encadrement qui saurait protéger le soldat. La première forme de protection qui peut être envisagée est celle de la dignité humaine. Dignité humaine étant une notion transcendantale et consacrée en droit français, mais qui comporte un défaut majeur, son indétermination (section 1). Finalement, il a pu être observé que le soldat n'est pas protégé contre son augmentation, la question qui peut alors se poser est : pourquoi le soldat n'est pas encore un être hybride ? Qu'est-ce qui pose une limite à son augmentation, si ce n'est pas le droit national ou encore international ? La réponse a été trouvée dans une forme de protection, somme toute originale mais bien présente, celle du commandement. Ce même commandement apparaissant comme un filtre face aux augmentations du soldat (section 2).

## SECTION 1 – La dignité humaine, une notion transcendantale mais indéterminée en droit français

La dignité humaine est une notion transcendantale en droit français, notion qui se présente comme protectrice du soldat face à son augmentation, car elle protège tout à la fois son corps et prohibe sa réification (§1). Cependant, elle n'est pas sans failles et peut se montrer dangereuse à cause de son indétermination définitionnelle et de ses nombreuses exceptions, dans la pratique (§2).

### *§1 – La dignité humaine, protectrice du soldat face à son augmentation*

La dignité est, en droit français, un principe transcendantal, c'est-à-dire qu'il transcende le droit national, avant même qu'il ait été exprimé dans les textes. La vision contemporaine de la dignité humaine tend même à expliquer qu'elle est le premier des droits de l'homme et que c'est sur son axe que se fondent tous les autres droits. L'une des premières lois liées à la sauvegarde de la dignité de la personne humaine est la loi bioéthique du 29 juillet 1994[242], dont l'article 2 a été retranscrit à l'article 16 du Code civil[243]. Les articles 16 et suivants reprennent les grands principes de la sauvegarde de la dignité humaine. Ces principes s'appliquent largement dans le cadre de l'augmentation du soldat : le principe de respect dû au corps du soldat (A) et la prohibition de la réification de son corps (B).

#### A. Un principe de respect dû au corps du soldat

Le respect du principe de dignité humaine passe par le respect du corps humain qui est sacré, le soldat peut alors prétendre à une telle protection (1). Mais ce n'est pas tout, le corps humain est aussi inviolable, la dignité du soldat se voit alors, également, protégée grâce à l'inviolabilité de son corps humain (2).

##### *1. Le respect dû au corps humain, une protection pour le soldat*

L'un des grands principes découlant de la dignité humaine est le respect dû au corps humain. La loi va venir protéger le corps humain et le défendre contre les atteintes qui pourraient lui être portées. L'article 16-1 du Code civil, en son alinéa premier dispose « *chacun a droit au respect de son corps* », ce respect est

---

[242] Loi n°94-654 du 29 juillet 1994 relative au don et à l'utilisation des éléments et produits du corps humain, à l'assistance médicale à la procréation et au diagnostic prénatal.

[243] Article 16 du code civil « *La loi assure la primauté de la personne, interdit toute atteinte à la dignité de celle-ci et garantit le respect de l'être humain dès le commencement de sa vie* ».

dû à tout corps humain et même après la mort « *le respect dû au corps humain ne cesse pas avec la mort* »[244].

Ce respect ne se limite pas au corps humain mais il s'étend aux éléments et aux produits de ce dernier « *le juge peut prescrire toutes mesures propres à empêcher ou faire cesser une atteinte illicite au corps humain ou des agissements illicites portant sur des éléments ou des produits de celui-ci, y compris après la mort* »[245]. Le corps humain est alors « *l'enveloppe charnelle et ce qu'elle renferme* », c'est-à-dire à la fois les éléments et les produits. Les éléments et produits sont assimilés au corps humain et en font partie intégrante[246].

Ainsi, le respect de la dignité humaine du soldat passe par le respect de son corps humain. Le soldat a le droit, inaliénable, au respect de sa dignité humaine et pour cela, un respect de son corps humain est imprescriptible. Le soldat se voit alors accorder une protection de son corps humain, un corps sacré qui ne peut être sujet à des expérimentations sans consentement. Une protection contre toutes augmentations invasives ou non invasives, portant atteinte à son corps humain, se profile et un profond respect de son corps doit guider toutes potentielles augmentations.

Apparaît une protection, certaine, du soldat contre son augmentation, il ne peut être l'objet d'expérimentation sur son corps, sans consentement, sans que cela ne porte atteinte au respect qui est dû à son intégrité physique. En tant que membre de l'humanité, il est digne et le respect de cette dignité humaine lui est dû, au même titre qu'il se doit de respecter celle des autres membres de l'humanité, autrement dit, celle des ennemis, contre lesquels il serait amené à se battre. Il y a une réciprocité dans le respect dû au corps humain, une réciprocité dans le respect de la dignité de la personne humaine. Tout soldat appartient à l'humanité et c'est en cela qu'il est digne et que le respect de sa dignité doit être effectif, passant par le respect de son corps humain. Mais en parallèle, c'est aussi, en cela, qu'il doit un égal

---

[244] Article 16-1-1 du code civil.

[245] Article 16-2 du code civil.

[246] Luc MAYAUX, *Droit civil : les personnes*, Ellipses, Université-Droit, 1998, n°11.

respect au corps de son ennemi, car cette notion de dignité humaine ne se construit que dans le rapport entre les uns et les autres[247].

L'un des grands principes issus de la dignité humaine est le respect dû au corps humain. Appliqué au soldat, ce principe prend une place très importante car il protège le soldat contre certaines formes d'augmentations invasives ou non invasives qui ne respecteraient pas sa dignité, en intentant à son corps. Le respect dû au corps du soldat ne peut se faire que s'il est considéré que le corps est inviolable (2).

### 2. *L'inviolabilité du corps humain, une protection pour le soldat*

« *Le corps humain est inviolable* », l'article 16-1 alinéa 2 est très clair là-dessus et cette règle vise à protéger le corps humain contre les atteintes de tiers. L'adage latin, « *noli me tangere* »[248], ne me touche pas, est cet adage qui représente le mieux le droit à l'inviolabilité du corps humain. Ce même principe est si important qu'il est doublé d'une répression pénale forte. En effet sont réprimés les atteintes portées à l'intégrité physique comme le viol[249], les violences[250] ou encore le fait de pratiquer une recherche biomédicale sur une personne sans avoir recueilli son consentement libre et éclairé[251].

Le droit au respect de l'inviolabilité du corps du soldat, le protège contre les atteintes portées à son corps. Atteintes portées par autrui et également atteintes portées par lui-même. Le corps humain est inviolable et en France cette inviolabilité emporte une considération objective. Autrement dit, l'être humain se voit

---

[247] Emmanuel KANT disait que la morale « *s'exprime dans la conscience qu'a tout être humain à l'égard d'autrui* », *La critique de la raison pratique*, 1788. Et Martin HEIDEGGER d'ajouter que l'autre « *est un autre moi* », *Lettre sur l'humanisme*, 1947.

[248] Adage provenant de la Bible, Jésus ressuscité s'adressant à Marie-Madeleine à la sortie du tombeau « *noli me tangere* », « *ne me touche pas* ».

[249] Article 222-23 code pénal.

[250] Article 222-9 code pénal.

[251] Article 223-8 code pénal.

protégé contre les atteintes portées à son intégrité physique, même s'il y consent. Dans une décision du 27 octobre 1995[252], le Conseil d'État a fait du principe de respect de la dignité humaine une composante de l'ordre public. Ce n'est alors pas un principe purement « *matériel et extérieur* » mais il recouvre une conception de l'Homme dont les pouvoirs publics sont les garants, donc une conception objective permettant aux pouvoirs publics de faire cesser une atteinte portée à la dignité humaine.

Le corps humain étant inviolable, il ne peut être porté atteinte à l'intégrité physique des soldats ni par autrui, ni par eux-mêmes. D'ailleurs, le praticien des armées se doit de respecter cette inviolabilité du corps humain, car il doit exercer « *sa mission dans le respect de la vie, de la personne et de sa dignité. Il ne doit en aucun cas participer, même passivement, à des actions cruelles, inhumaines ou dégradantes* »[253].

Il apparaît que le corps du soldat est intouchable, il ne peut être violé sans le consentement même du soldat. Personne, pas même lui, en droit français, ne peut attenter à son corps car il est sacré et inviolable par nature.

Le soldat semble bénéficier d'une solide protection, car son corps doit à la fois être respecté et est inviolable. Il semble bien qu'une protection solide se dessine. Un autre principe découle de la sauvegarde de la dignité de la personne humaine, le principe de non-patrimonialité du corps humain (B).

### B. Le principe de non-patrimonialité du corps humain, une protection contre l'augmentation du soldat

Le corps humain, ses éléments et ses parties ne peuvent faire l'objet d'un droit patrimonial. Cette non-patrimonialité du corps humain, qui vise exclusivement des considérations économiques, laisse, tout de même, entrevoir l'idée qu'il ne peut y avoir de

[252] *Déc.* CE, 27 octobre 1995, n°136727, Commune de Morsang-sur-Orge.
[253] Article 4 du décret n° 2008-967 du 16 septembre 2008 fixant les règles de déontologie propres aux praticiens des armées.

réification du corps du soldat (1). Mais surtout, ce principe consiste à dire que le corps du soldat est hors du commerce (2).

### *1. Une prohibition de la réification du corps du soldat*

La notion de non-patrimonialité entend prohiber la réification du corps humain. Le premier principe retenu était celui de l'indisponibilité du corps humain, cependant, très vite cette locution a montré ses limites. En effet, ce principe d'indisponibilité signifie « *interdiction de disposer frappant une personne dans l'ensemble de son patrimoine ou sur un bien déterminé qui peut résulter d'une incapacité d'exercice ou d'une restriction de pouvoirs* »[254] ou encore « *qualité d'un bien qui ne peut être l'objet d'aucun acte de disposition* »[255]. Apparaît clairement, la notion de bien, pouvant faire l'objet d'un droit patrimonial. Or, cela allait à l'encontre de la dichotomie traditionnelle chose/personne, et admettait la réification du corps humain, de ses éléments et ses produits. C'est pourquoi, a été préféré, et retenu dans la loi, à l'article 16-5 du Code civil, le fait que « *les conventions ayant pour effet de conférer une valeur patrimoniale au corps humain, à ses éléments ou à ses produits sont nulles* ». Autrement dit, toute convention ayant pour objet de réifier le corps humain, de lui conférer une valeur matérielle, assimilable à un bien, à une chose, est interdite.

Le corps humain ne peut être assimilé à un bien matériel, à une chose, cela permet au soldat d'être largement protégé contre les augmentations qui tendraient à faire de lui un bien ou une chose. Par conséquent, toutes les augmentations qui ne respecteraient pas la dignité du soldat et qui engendreraient une chosification de ce dernier ne pourraient avoir lieu, sinon à violer le principe de respect de la dignité de la personne humaine, au travers du respect du principe de non-patrimonialité.

Le soldat n'est ni un bien ni une chose et par conséquent, il ne peut être réifié au moyen d'augmentations qui lui feraient perdre son caractère d'Homme, en lui conférant un caractère de robot, par exemple. Est-ce que le fait d'augmenter des soldats, afin de

---

[254] Définition « indisponibilité », vocabulaire juridique, Gérard CORNU, Association Henri Capitant, 12ème édition page 541.
[255] *Ibid.*

leur conférer une meilleure vision, une plus grande force, une meilleure disposition à résister à la fatigue, autrement dit de leur procurer des capacités hors norme, des capacités dépassant le seuil de l'humanité, pour entrer dans le surhumain, ne serait pas, déjà, une réification du soldat en lui conférant une valeur patrimoniale ?

Peut être imaginée une situation où le soldat augmenté, objet de convoitise, pourrait être un objet de démonstration. Le principe de respect de la non-patrimonialité, passant par la non-réification de l'Homme, en l'espèce du soldat, serait une barrière face aux dérives qui pourraient apparaître.

Le principe de non-patrimonialité passant par la prohibition de la réification du corps du soldat est et sera une protection supplémentaire pour le soldat, face à une augmentation qui le déshumaniserait. Mais ce principe de non-patrimonialité s'entend surtout par le fait que le corps est hors du commerce (2).

### *2. Le corps du soldat, hors du commerce*

L'article 16-6 du Code civil dispose « *aucune rémunération ne peut être allouée à celui qui se prête à une expérimentation sur sa personne, au prélèvement d'éléments de son corps ou à la collecte de produits de celui-ci* ». Autrement dit, le corps du soldat, ses éléments et ses parties ne peuvent faire l'objet de rémunération. La Convention d'Oviedo, en son article 21, appuie cela en affirmant que « *le corps humain et ses parties ne doivent pas être, en tant que tels, source de profit* ». Le corps humain, et en l'espèce celui du soldat ne peut faire l'objet d'une rémunération, il est hors du commerce.

Ce principe est issu de l'article 1128 du Code civil qui disposait « *il n'y a que les choses qui sont dans le commerce qui puissent être l'objet des conventions* », et qui a finalement été introduit dans l'article 16-6 du Code civil avec la loi du 29 juillet 1994. Patricia Vannier dit que ce principe « *a pour but la protection de la personne contre toute exploitation commerciale par autrui ou de son propre chef (...)* »[256]. Le soldat est, encore

[256] Patricia VANNIER, « Fiche 21. L'indisponibilité du corps », Fiches de droit des personnes, 2020, pages 123-128.

une fois, protégé contre autrui et contre lui-même, en cas de proposition d'augmentation qui ferait de lui un objet de convoitise, pouvant aller jusqu'à la vente de ce soldat augmenté ou de certaines de ses parties.

Le fait que le corps se situe hors du commerce se manifeste par la gratuité du don, en France. Le don est gratuit, car le corps ne peut faire l'objet d'un droit patrimonial et parce que ce corps est sacré. Le soldat ne pourrait faire l'objet d'une vente, même si augmenté, il serait convoité. Le soldat est un être humain qui est insusceptible de mise sur le marché.

Ce principe est, lui aussi, doublé d'une répression pénale. Sont interdits, au sens du Code pénal, le fait « *d'obtenir d'une personne, l'un de ses organes, contre paiement* »[257] ou encore « *le fait d'obtenir d'une personne le prélèvement de tissus, de cellules ou de produits de son corps contre un paiement* »[258]. Le corps du soldat, ses éléments et ses parties sont hors de tout commerce et donc il semble clair, que le soldat ne puisse faire l'objet d'un droit patrimonial, au sens d'une disposition qui pourrait mener à une vente de son corps, de ses éléments ou de ses parties.

Partant du principe que l'augmentation du soldat passe par sa chosification, faisant de lui un super-soldat, un Homme invincible, « *des hommes bioniques qui courent vite, n'ont pas besoin de dormir, mangent et boivent très peu et peuvent se battre en permanence (...) Cela ne risque-t-il pas de contribuer à une distanciation éthique gravissime par rapport à l'adversaire, donc à une déshumanisation rampante de nos soldats augmentés ?* »[259], alors cette déshumanisation pourrait entraîner un commerce du soldat augmenté, qui, devenu une arme, serait vendu au plus offrant. Encore une fois, la loi semble protéger le soldat contre ces menaces et contre des augmentations qui feraient entrer le soldat dans un patrimoine militaire, pouvant faire de lui la cible d'attaques financières.

---

[257] Article 511-2 du code pénal.

[258] Article 511-4 du code pénal.

[259] Caroline GALACTÉROS, « Homme augmenté, volonté diminuée », Le soldat augmenté, Inflexions civils et militaires : pouvoir dire, n°32, 2016, pages 119-120.

La protection de la dignité humaine du soldat semble s'arroger la place de défenseur du soldat face à son augmentation. Cependant, cette notion de dignité humaine emporte, à bien des égards, des limites, qui replongent la protection du soldat contre son augmentation, dans un flou persistant (§2).

### *§2 – La dignité humaine, notion emportant des limites*

La dignité humaine n'est pas une notion sans failles et bien au contraire, elle comporte de nombreuses limites. Tout d'abord, cela tient à son indétermination définitionnelle, notion floue et non définie, elle peut présenter un danger pour le soldat (A). Ensuite, de nombreuses exceptions à ce principe, au premier abord infaillible, constituent un danger pour la protection du soldat (B).

#### A. Une indétermination définitionnelle de la notion de dignité humaine, un danger pour le soldat

La notion de dignité humaine est une notion, au premier abord, protectrice du soldat face à son augmentation mais elle emporte de nombreuses limites, à commencer par son indéfinition (1), ce qui fait d'elle un « *fourre-tout* »[260] (2).

##### *1. L'indéfinition, une faille dans la protection du soldat*

Il est possible d'avoir une vague idée de ce qu'est la dignité humaine, mais il s'avère qu'en réalité, c'est une notion qui n'emporte pas de définition concrète. Tout d'abord, la dignité humaine, dans sa définition, provient de diverses sources historiques, retracées par Adam Shulman, lors d'un rapport en 1998 fondé sur le President Council on bioethics :

- la source de l'antiquité classique, *la dignitas*, qui pour Hobbes et Montesquieu était liée à l'exercice d'une charge ou d'un office public, donc consubstantiel au caractère notable de la personne qui exerçait cette charge ;

---

260 Anne-Marie le POURHIET, « Touche pas à mon préambule », Figaro, 24 mai 2008.

- la source biblique, qui dit que l'homme est créé à l'image de Dieu et emporte donc une dignité humaine ;
- la source Kantienne, avec son premier impératif[261], où la dignité est reconnue à tout homme en tant qu'être raisonnable, c'est-à-dire en dehors de toutes considérations empiriques de sa volonté ;
- les Constitutions et déclarations du XXème siècle, reprenant presque toutes, au sein de leur préambule, cette notion.

Force est de constater que toutes ces sources ne traitent pas de la dignité humaine de la même manière, ce qui invite à un flou certain, concernant la définition même de cette notion. Stéphanie Hennette-Vauchez dénonce cette indéfinition et le danger que cela représente. Selon elle, la dignité humaine contemporaine emporte beaucoup de similitudes avec *la dignitas* de l'antiquité, donc avec l'idée d'un statut conféré à un Homme digne. Elle met, alors, en garde contre le fait que cette *dignitas* pouvait être retirée, car obtenue de manière conditionnelle. Stéphanie Hennette-Vauchez critique la contingence et la fragilité de cette ancienne *dignitas*, devenue dignité humaine[262]. Cependant, ce n'est pas la définition qu'opère la Déclaration universelle des droits de l'Homme de 1948, où il est écrit, en son article premier « *tous les êtres humains naissent libres et égaux en dignité et en droits. Ils sont doués de raison et de conscience et doivent agir les uns envers les autres dans un esprit de fraternité* », qui reprend davantage la vision kantienne de la dignité humaine. Paul Ricœur dira, lui, de la dignité humaine que « *dans un monde où toute relation, pour être viable, entre dans le « système de la marchandise », là où tout s'achète et où tout se vend, la dignité humaine est de « l'ordre du sans prix »*[263], reprenant la vision contemporaine d'une dignité humaine, droit matriciel transcendantal à l'origine des autres droits fondamentaux.

Il est évident que l'indéfinition de cette notion n'est pas au service du soldat dans son augmentation. Pierre Manent a pu dire que « *des droits indéfinis sont attachés à des individus*

[261] Emmanuel KANT, *La critique de la raison pratique*, 1788.

[262] Stéphanie HENNETTE-VAUCHEZ, « Une dignitas humaine : vieilles outres, vin nouveau », *in* Droit, 2008/2, n°48, pages 59-86.

[263] Paul RICŒUR, *Parcours de la reconnaissance*, Paris, Stock 2004, Réédition, Folio Essais, 2005.

*indéfinis – à tous et à chacun. Ils sont à la fois universels et indéterminés* »[264]. Il y voit le germe d'une revendication indéfinie. Dans ce cas, les soldats pourraient revendiquer une augmentation en invoquant le respect de leur dignité humaine et inversement, sous prétexte de protéger leur dignité humaine, ils pourraient être augmentés. Ce ne sont, encore que des hypothèses mais, finalement, si le contenu n'est pas clairement défini et les limites posées, alors, comme le dit Stéphanie Hennette-Vauchez, pourquoi ne serait-il pas possible de déchoir un militaire de sa dignité humaine et donc d'attenter à l'intégrité de son corps humain, par le truchement d'augmentations invasives ?

Cette notion, floue dans sa définition, peut apparaître dangereuse dans la protection du soldat face à son augmentation. Elle peut constituer une notion « *fourre-tout* » qui balancerait entre protection forte et impuissance totale (2).

### 2. *Une notion « fourre-tout » entre protection et impuissance*

Cette idée de « notion fourre-tout » provient de la juriste Anne-Marie le Pourhiet qui dira « *ériger cette notion philosophique et morale, éminemment subjective et relative, en norme juridique, est une folie [...] aboutissant à un arsenal répressif menaçant notamment la liberté d'expression* »[265]. Selon elle, cette notion de dignité humaine est purement subjective et devient donc une menace car « *les principes de droit objectif se trouvent pulvérisés par des revendications subjectives fondées sur un "ressenti" individuel et catégoriel qui n'accepte plus aucune limite* »[266]. Ce « fourre-tout » deviendrait alors un réel tremplin pour ouvrir considérablement les droits des soldats à disposer de leur corps et donc de leur augmentation. Dans une définition purement subjective, ils pourraient parfaitement revendiquer leur droit à l'augmentation et donc ce principe de

[264] Pierre MANENT, *La loi naturelle et les droits de l'homme*, PUF, 2018.
[265] Anne-Marie le POURHIET, *op.cit.*
[266] Anne-Marie le POURHIET, « La remise en cause du principe de dignité des personnes pulvérise les bases du droit objectif », *in* Généthique, 7 mars 2018.

dignité humaine serait impuissant face aux nombreuses revendications.

Dans une tout autre hypothèse, ce principe de dignité humaine pourrait être une réelle protection. À l'inverse de ce que dit Anne-Marie le Pourhiet, il est aussi possible d'imaginer que ce principe de dignité humaine, comme « fourre-tout », soit le tremplin de la protection effective du soldat face à son augmentation. Les revendications purement subjectives de certains militaires désireux d'être augmentés, si tant est qu'il y en ait, pourraient se voir parfaitement contrôlées et maîtrisées à l'aide de ce fourre-tout qui laisserait entrer de nombreuses considérations, en prenant, par exemple, en compte le statut bien spécifique du militaire. Car finalement, l'augmentation du soldat est un sujet qui emporte un fort volet subjectif.

Située entre protection effective et impuissance totale, la dignité humaine, comme notion fourre-tout, est questionnable vis-à-vis de l'augmentation du soldat. Saurait-elle protéger le militaire contre une volonté extérieure de l'augmenter ? Contre sa propre volonté ? Sachant que cette notion consacre le principe de recueil du consentement de l'intéressé lors d'une atteinte portée à son corps ?[267] Il est difficile de répondre à cette question. Il semblerait qu'il faille, soit la définir strictement, pour qu'elle ne soit plus ce fourre-tout, cher à Anne-Marie le Pourhiet, soit la laisser telle quelle et voir si, elle protégera le soldat face à des augmentations qui lui feraient perdre de son humanité.

La dignité humaine – mis à part son indétermination définitionnelle, qui provoque un flou certain et laisse perplexe face à la protection du soldat dans le cadre de son augmentation – est remise en question à travers diverses exceptions (B).

---

[267] Article 16-3 du code civil.

## B. Des exceptions manifestes au respect de la dignité humaine, un danger pour le soldat

De nombreuses exceptions au respect de la dignité humaine provoquent un danger pour le soldat et sa protection face à son augmentation. Tout d'abord, au sein même du chapitre II « du respect du corps humain », au sein du Code civil, une exception est posée à l'article 16-3 quant au respect dû au corps humain (1), mais il y a aussi dans la pratique une forme de chosification qui se crée, le brevetage d'éléments et parties du corps humain (2).

### *1. Une exception au respect du corps humain*

L'article 16-3 du Code civil interroge, il se situe au cœur des droits et principes phares de la dignité humaine : le respect dû au corps humain, l'inviolabilité du corps humain, la non-patrimonialité et en même temps exprime des exceptions. Avec cet article, pourra être portée une atteinte à l'intégrité du corps du soldat en cas de « *nécessité médicale* » ou dans « *l'intérêt thérapeutique d'autrui* ». Déjà, bien développée plus haut, cette notion de nécessité médicale peut être interprétée largement afin de permettre de multiples atteintes au corps du soldat. La nouvelle nécessité médico-militaire tend à permettre, assez largement, l'augmentation des militaires. Cette exception peut apparaître dangereuse, à certains égards, pour le soldat. La nécessité médico-militaire avait autorisé le Modafinil durant la guerre du Golfe ou les gouttes de Lopaxine après l'embuscade d'Uzbin. L'encadrement juridique de l'augmentation du soldat paraît, encore une fois, léger ou fébrile.

Cet article ne s'arrête pas là, car en son alinéa 2 il dispose « *le consentement de l'intéressé doit être recueilli préalablement hors le cas où son état rend nécessaire une intervention thérapeutique à laquelle il n'est pas à même de consentir* ». Autrement dit, il peut être passé outre le consentement du sujet si l'intérêt thérapeutique d'une intervention le nécessite. Une nouvelle fois, il est possible de remettre en cause cet alinéa, qui se situe au cœur de la protection de la dignité humaine des êtres humains. Pourquoi une telle exception est-elle permise ? Évidemment, il faut avoir à l'idée qu'elle peut sauver des vies, lorsque le sujet est incapable de consentir, mais encore une fois, où est la limite à ne pas franchir dans l'atteinte à l'intégrité physique et morale ? La jurisprudence relative aux Témoins de Jéhovah est très intéressante, à ce sujet[268] car elle montre que les médecins passent outre le consentement, recueilli, du patient. N'y a-t-il pas un risque, sur le terrain, là où les médecins militaires sont responsables des effectifs sur place, d'augmenter le soldat en lui implantant une puce sous la peau ou en lui greffant une arme à la place du bras, par pure nécessité médico-militaire de le soigner, de le protéger, en l'augmentant ? La tentation pourra être forte en cas de conflit armé face à des ennemis augmentés, et comme l'exception existe, n'y a-t-il pas un véritable risque ?

Le respect du corps du soldat se voit accorder une exception, qui n'est pas des moindres, mais force est de constater que dans la pratique, ce n'est pas la seule exception et une autre bien visible se dessine, celle de la chosification des éléments et parties du corps humain (2).

### *2. Une chosification des éléments et des parties du corps humain*

Une autre exception est à constater, une exception faite à la non-patrimonialité du corps humain, de ses éléments et de ses parties. En effet, il est possible de breveter un gène humain. Le premier a eu lieu en 1984, un brevet est délivré sur le gène de l'insuline humaine en Californie, puis en 1994, un brevet est délivré sur le gène qui code la relaxine par l'Office européen des brevets. Le corps humain, ses éléments et ses parties ne sont pas si intouchables, bien au contraire. Grâce à ces brevets, des éléments et parties du corps humain se voient déchus de leur droit à la non-patrimonialité et deviennent source de profit.

D'ailleurs la Convention d'Oviedo, en son article 21 dispose que « *le corps humain et ses parties ne doivent pas être, en tant que tels, source de profit* ». Cette locution « *en tant que tels* » est très importante car une fois éloigné du corps humain, les éléments de ce dernier peuvent devenir source de profit comme

[268] Jurisprudence Conseil d'État, *op.cit.*

le démontre la jurisprudence Moore versus Regents of the University of California, du 9 juillet 1990, où la Cour suprême de Californie a statué en disant que les individus « *n'avaient pas droit à une part des bénéfices tirés de la recherche effectuée sur leurs matériaux corporels* »[269]. Finalement, « *dans sa décision, la Cour suprême de Californie a statué que le patient cancéreux John L. Moore n'avait pas de droit de propriété personnel sur les échantillons ou les fluides que ses médecins ont prélevés sur son corps à des fins de recherche* »[270]. Ainsi, les éléments et les parties du corps humain peuvent faire l'objet de brevet, car le droit distingue nettement entre les parties détachées et éloignées du corps humain et le corps humain en lui-même. Plus l'éloignement est conséquent, moins la protection opère.

Le fait que des parties du corps humain puissent être brevetées montre une nouvelle faille dans la protection infaillible, d'apparence, que représente le respect de la dignité humaine. Les éléments et parties du corps humain peuvent être source de profit lorsqu'une certaine distance les sépare du corps. *In fine*, c'est une réelle réification du corps humain car le droit de non-patrimonialité n'est pas respecté au profit de celui de la libre disposition du corps humain, de ses éléments et de ses parties.

Une faille supplémentaire peut être observée, dans cette large protection de la dignité de la personne humaine. Il n'est pas si évident de dire que le soldat sera protégé, de manière infaillible, contre son augmentation. Les éléments du corps pouvant être source de profit, il peut être imaginé une situation dans laquelle certaine partie du corps du soldat augmenté deviendrait source de profit. La recherche du profit pousserait, alors, à augmenter largement les soldats.

---

[269] Nott, Rohini, « Moore c. Regents de l'Université de Californie (1990) », *Encyclopédie du projet Embryon* (2020-11-18), ISSN : 1940-5030.
[270] *Ibid.*

Ainsi, même si au premier abord, la dignité humaine semble être une source manifeste de protection du soldat contre son augmentation, elle s'avère être remplie de failles. Une autre protection, originale, du soldat face à son augmentation, semble s'imposer. Une protection qui n'est pas juridique mais emporte force de loi au sein de l'armée (section 2).

## SECTION 2 – Une forme originale de protection des soldats face à l'augmentation : le commandement, filtre protecteur de l'augmentation du soldat

Finalement apparaît une forme originale de protection du soldat face à son augmentation. Apparaît, à ce stade, une figure importante dans la vie du soldat, celle du commandement. C'est alors, ce même commandement, qui va être source d'une protection particulière du soldat face à son augmentation. Il y a une réprobation manifeste, au sein du commandement, de l'augmentation des soldats (§1). Ce commandement semble avoir foi en l'humain qui s'engage pour son pays. Mais cet engagement ne peut se faire qu'avec la figure du commandement, « âme » de l'unité, comme le dit le Général Gilles Haberey (§2).

### *§1 – Une réprobation manifeste de l'augmentation des soldats par le commandement*

Face à un vide juridique certain concernant l'augmentation du soldat, il semble que la figure du commandement s'impose. Tout d'abord à travers la confiance que le commandement porte à l'humain plus qu'au surhumain. Il se positionne comme étant défavorable ou montrant une certaine prudence à l'égard des augmentations du soldat (A). Ensuite, le commandement a conscience que l'engagement du soldat est un engagement humain, car les soldats s'engagent par amour de leur pays et ne sont rien sans leurs émotions humaines (B).

#### A. Une confiance dans l'humain plus que dans le surhumain

L'image du commandement semble se dessiner sur le tableau de la protection du soldat face à son augmentation. De manière générale, le commandement semble se positionner de façon défavorable face aux augmentations invasives du soldat (1) et le principe de précaution semble primer face à l'urgence des situations (2).

### *1. Un commandement plutôt défavorable aux augmentations invasives*

Dans un sondage réalisé par Axel Augé (maître de conférences des Universités, Liris, Université de Rennes 2 et Crec de Saint-Cyr) et par Gérard de Boisboissel (ingénieur de recherche, Crec de Saint-Cyr)[271], il est intéressant de constater le rejet, global, par le commandement, des augmentations.

Par exemple, à la question « *dans un contexte opérationnel exigeant, vous devez rester 36 h en autonomie complète, sans avoir la possibilité de vous reposer. Pour vous alléger on vous propose de prendre une gélule coupe-faim (mais qui n'apporte pas de nutriments) plutôt que vos rations, ce qui réduit votre charge. Acceptez-vous ?* », il n'y a que 20 % des cadres (toutes armes mêlées) qui répondent favorablement et à la question « *en tant que chef de section, seriez-vous prêt à l'imposer à vos hommes pour le bon déroulement de la mission ?* », il n'y a que 16 % des cadres qui répondent par la positive. Il apparaît alors qu'il est moins acceptable d'imposer quelque chose, qu'il est difficile de s'imposer à soi-même, même si cela pouvait contribuer à la réussite de la mission.

L'augmentation ne semble pas être la grande solution pour le commandement. En effet, il a besoin de pouvoir compter sur les capacités physiques et psychologiques de ses hommes sans augmentation. Il faut que l'augmentation préserve « *l'identité professionnelle et les fonctions combattantes* »[272]. Le commandement est davantage favorable à des technologies qui font grandir le combattant mais ne l'asservissent pas. Le Général de brigade Gilles Haberey disait, lors d'un entretien, qu'il y a une forme de dépendance à la performance, au sein de l'armée exacerbée par le mythe des forces spéciales[273], mais qu'appliquer

---

[271] Axel AUGÉ, Gérard de BOISBOISSEL « L'acceptabilité relative de l'augmentation technique des performances physico-cognitives du combattant. Enquête auprès des élèves-officiers et de leurs cadres aux Écoles de Saint-Cyr Coëtquidan », *in* Tétralogiques, n°25, La déconstruction du langage.

[272] *Ibid.*

[273] Pour l'OTAN, les forces spéciales sont les « *unités spécifiquement formées, instruites et entraînées pour mener un éventail de missions particulières, allant des opérations spéciales dans le cadre d'un conflit classique à celles relevant*

des performances mécaniques sur des soldats n'est pas une solution. En effet, il faut pouvoir conserver une maîtrise opérationnelle car chaque soldat est responsable de ses actes, qu'il se doit de prendre en toute conscience, pour que le tout soit harmonieux. Si le bras n'obéit plus à la tête alors le corps ne peut plus fonctionner en harmonie, il en va de même pour la section ; si un membre de la section ne répond plus présent à cause d'une augmentation lui faisant perdre son statut d'Homme, sa réflexion, sa présence d'esprit ou encore son empathie, il peut mettre en péril tout le corps. Le commandement, qui donne les ordres et commande des Hommes, semble pencher pour une armée d'Hommes et non pour une armée de soldats augmentés, n'ayant plus conscience de la peur, de la douleur, du stress ou ne ressentant plus d'empathie ou de tristesse.

Le commandement, plutôt, défavorable aux augmentations invasives sur ses soldats, ne les rejette pas toutes mais demeure dans une logique de précaution (2).

*2. Un principe de précaution exacerbé face aux augmentations*

Un grand principe de précaution irrigue le milieu du commandement face aux augmentations du soldat. La précaution qui vise à rester prudent face à une incertitude quant aux risques est monnaie courante au sein des opérations militaires. Le risque est toujours connu mais son ampleur ne l'est pas forcément, l'exemple de l'embuscade d'Uzbin en est la preuve. C'est ainsi qu'en retour à une question posée, « *vous avez la possibilité de prendre une substance qui accroît vos facultés cognitives et physiologiques pendant 48 h. Elle laisse cependant place, après*

---

*de la guerre non conventionnelle* ». Selon Arthur-fs, commando marine « *les forces spéciales sont des unités spécifiquement identifiées, équipées et entraînées pour réaliser des actions à "haute valeur ajoutée". Au sein du ministère de la Défense, les entités qui reçoivent cette dénomination sont peu nombreuses et proviennent des trois armées, afin de répondre à toute sollicitation et d'offrir un outil capable d'opérer dans tous les types de milieux. Les commandos marine ou encore le 13ème régiment de dragons parachutistes (spécialisé dans le renseignement) font partie de ces unités* ». Le mythe des forces spéciales a été exacerbé par les opérations conduites en ex-Yougoslavie, en Afghanistan ou encore dans les Balkans.

*les 48 h, à une période de trois jours d'incapacité nécessitant un repos total. Dans quel contexte la prendriez-vous ?* »[274], 48 % des cadres répondent par la positive dans le cadre d'un contexte opérationnel urgent. « *Maintenant, cette substance a les mêmes effets, mais on ajoute le fait que sur certains individus, les tests ont montré qu'elle entame le potentiel physique à long terme : trouble de la concentration, courbatures, tendinites. Dans quel contexte la prendriez-vous ?* »[275], dans ce cas, la moitié des cadres se rétractent et il n'y a plus que 24 % du commandement qui accepte cette substance. Ici, le principe de précaution va prendre le dessus, peut-être qu'aucun soldat ne développerait de tels effets secondaires mais toujours est-il, que l'existence de ces derniers suffit à diviser par deux le nombre de cadres qui l'utiliserait.

Cet exemple se reproduit pour les implants invasifs, à la question « *vous êtes sur un théâtre d'opération extérieur. Votre commandement vous demande de vous faire implanter une puce permettant de vous mettre en réseau avec les différents échelons, avec notamment une géolocalisation qui permettrait de vous retrouver plus rapidement en cas de capture. Vous êtes libre de votre choix, que décidez-vous ?* »[276], seulement 32 % des cadres répondent par la positive et à la même question, sans possibilité de contrôle sur ladite puce, seulement 12 % des cadres répondent par la positive. C'est alors que même lors d'une opération extérieure, dans des situations d'urgence, le commandement est réticent aux augmentations invasives ne permettant pas aux soldats d'avoir la maîtrise de leurs actions.

Enfin, « *dans le cadre d'une opération militaire de haute intensité, on vous propose de vous implanter temporairement une puce qui analyse vos niveaux de stress en déterminant votre*

---

[274] Axel AUGÉ, Gérard de BOISBOISSEL « L'acceptabilité relative de l'augmentation technique des performances physico-cognitives du combattant. Enquête auprès des élèves-officiers et de leurs cadres aux Écoles de Saint-Cyr Coëtquidan », *op.cit.*

[275] Axel AUGÉ, Gérard de BOISBOISSEL « L'acceptabilité relative de l'augmentation technique des performances physico-cognitives du combattant. Enquête auprès des élèves-officiers et de leurs cadres aux Écoles de Saint-Cyr Coëtquidan », *op.cit.*

[276] *Ibid.*

*fréquence cardiaque maximale et votre taux critique de concentration en cortisol. Si la fréquence cardiaque maximale approche un seuil limite calculé par l'implant, ce dernier assure la libération automatique de cortisol permettant de réduire le stress. Un médecin militaire peut également, à distance, déclencher les effets mais l'activation et la désactivation de cette puce est une décision de commandement. Acceptez-vous cette puce ?*"[277]. À cette question 0 % des cadres (toutes armes mêlées), répondent par la positive, autrement dit 100 % des cadres ne souhaitent pas cela ni pour eux, ni pour leurs soldats. Cette puce semble trop invasive et ne laisse pas le libre arbitre du soldat.

Sur le théâtre des opérations, le combattant n'est pas isolé mais fait partie intégrante d'un corps et son commandement, qu'il soit officier ou sous-officier, ne souhaite pas avoir, sous ses ordres, des soldats qui n'auraient plus conscience d'eux-mêmes ou qui subiraient de graves effets secondaires d'une augmentation invasive.

Toutes ces idées prennent naissance et vie dans un cadre spécifique et un esprit fort de l'armée, qu'est l'engagement humain des soldats pour une cause qui les dépasse (B).

### B. L'esprit de l'armée : un engagement humain

Le commandement, celui qui donne les ordres, se doit de garder en mémoire ce qui est « *l'essence du métier de militaire, l'humain* »[278] et il le fait nécessairement car sous ses ordres il y a des Hommes qui s'engagent par amour pour leur pays (1). De plus, ce métier doit comporter une notion d'humanité à travers les émotions que doivent ressentir les soldats, les inhiber serait un réel danger qui pourrait conduire à une déshumanisation de la guerre (2).

---

[277] *Ibid.*

[278] Le Général de brigade Gilles HABEREY, lors d'un entretien.

*1. Un engagement guidé par un idéal humain*

Le métier des armes est un métier qui teste, dès l'engagement, l'humanité profonde du militaire. Le militaire s'engage pour une cause qui le dépasse, pour un idéal lointain, par amour pour son pays, c'est du moins les mots d'un jeune Saint-Cyrien dans un livre qu'il a écrit pour dévoiler son amour pour la France, « *Ô ma tendre France ! Si demain le sort daigne me faire passer de vie à trépas, n'y vois pas là l'égoïsme du sacrifice, mais la preuve la plus absolue de ma passion* »[279]. Si les soldats signaient pour être augmentés ou devaient l'être pour entrer dans l'armée « *il n'y aurait plus personne* »[280]. Ce qui fait la force de l'armée est les Hommes qui s'engagent et selon le code du soldat « *au service de la France, le soldat lui est entièrement dévoué, en tout temps et en tout lieu* ». C'est par cet amour de la patrie que les soldats s'engagent et le commandement avant eux.

Le commandement fait corps avec sa section, son groupe, son unité, il est un membre de ce corps qui doit agir et marcher dans une même direction. L'exemple du Général Gilles Haberey est la marche au pas. C'est à travers cette marche qu'apparaît la notion du collectif dans l'armée, au fur et à mesure l'individu fond au travers du collectif et devient membre d'un corps. Sans lui, sans son engagement humain, l'armée ne serait pas.

Le commandement a conscience qu'il peut envoyer ses Hommes se faire tuer et c'est pourquoi il a besoin de leur présence d'esprit, de leur capacité à sentir le danger, à ressentir le terrain, à écouter leur pressentiment, à ne pas être indifférent face à la mort ou à l'acte de tuer. Le commandement a besoin, et il le sait, d'Hommes sains capables de désobéir si l'ordre est illégal. En effet, par une instruction n° 201710, publiée au Bulletin officiel n°45 des Armées de décembre 2005, est précisé que le subordonné doit désormais « *refuser d'exécuter un ordre prescrivant d'accomplir un acte manifestement illégal* ». Le soldat, guidé par un idéal, dès son engagement, ne peut le perdre au cours de son engagement et c'est aussi au commandement, « âme de l'unité » de le lui rappeler.

---

[279] Téomé PASCAL, *France, Ô ma France*, France, Sydney Laurent, page 66.
[280] Le Général de brigade Gilles HABEREY, lors d'un entretien.

Il est intéressant de constater que de nombreuses augmentations pourraient être mises en place, avec tout ce qui se développe, les puces par exemple, mais il y a une résistance manifeste au sein des armées et il semble qu'elle soit, en grande partie, due au commandement qui souhaite conserver des soldats humains.

L'engagement du soldat au métier des armes est un engagement, qui plus est, humain qui doit impliquer les émotions du soldat pour demeurer un engagement (2).

### 2. *Une limite à la déshumanisation de la guerre : un engagement humain*

Pour s'engager au sein d'un métier, qui laisse entrer la possibilité du sacrifice suprême, il faut être sain d'esprit et parfaitement informé de cette possibilité. Même si cette idée de la mort peut pousser le commandement à vouloir augmenter ses soldats, afin de ne pas en perdre, le principe de précaution le guide. Il paraît évident que le commandement ne souhaite pas voir ses soldats devenir de simples robots tueurs, bien au contraire les sentiments de peur, de tristesse, de compassion aideront nécessairement les soldats dans des situations où leur empathie sera mise à l'épreuve.

Inhiber les émotions n'est pas une solution, car comme l'explique Aurélie Eon « *une émotion est une information* »[281]. C'est ainsi que « *la peur, par exemple, signale une menace pour soi (...) mais aussi alerte les proches* »[282]. La peur est un sentiment humain qui pousse le soldat à se montrer prudent lors du combat, il serait possible, demain, de supprimer la peur au profit d'une joie et d'une exaltation à aller au combat, grâce à de microscopiques électrodes stimulant la zone voulue du cerveau. Dans ce cas « *il serait possible de créer un combattant ignorant la peur et même heureux d'aller au combat. C'est Ardant du*

---

[281] Aurélie EON, « Faut-il laisser pleurer le soldat augmenté ? », *Le soldat augmenté ?*, *in* Inflexions, n°32, 2016, page 76.
[282] *Ibid.*

*Picq*[283] *mis KO par les neurosciences ! »*[284]. Cependant, ce soldat ne serait pas souhaitable pour le commandement car il serait dangereux pour la mission, pour la section et pour lui-même.

De plus, il ne serait plus possible de parler d'engagement si des soldats augmentés, dénués de toute capacité de réflexion, se battaient demain sous le drapeau. Ils ne deviendraient que de simples exécutants et dans ce cas-là, la guerre pourrait se mener simplement, à l'aide de drones tueurs à distance, n'engageant pas le côté émotionnel du soldat. L'opérateur de l'engin pourrait tout à fait tirer sur des cibles civiles sans en éprouver de grands remords. Les émotions du soldat sont nécessaires et le commandement le sait. Il ne demeure au commandement que parce qu'il dirige des Hommes et non des machines qui peuvent être pilotées à distance. Son but n'est pas d'avoir sous ses ordres, des soldats inhumains, privés de leurs émotions, mais des soldats qui veulent se battre pour défendre leurs camarades, leurs idéaux, leurs familles restées sur place et la France.

Apparaît, manifestement, une réprobation de la part du commandement, de l'augmentation du soldat. En effet, ils ont une confiance en l'Homme et non en le sur-Homme et surtout ils savent que l'engagement dans l'armée est un engagement profondément humain. Finalement, là où les textes échouent, dans la protection du soldat face à son augmentation, il semble que le commandement, « âme de l'unité » est celui qui va protéger le soldat (§2).

---

[283] Charles ARDANT du PICQ, *Études sur le combat : combat antique et combat moderne*, 1880. C'est un colonel devenu figure de la pensée militaire, il étudiera l'homme écrasé sous le feu de la guerre selon une approche psychologique. Il dira que le soldat est un *« être nerveux, impressionnable, ému, troublé, distrait, surexcité, mobile, s'échappant à lui-même... »* Il cherche à comprendre *« la détermination de cet instant où l'homme perd le raisonnement pour devenir instinctif qui fait la science du combat »*.

[284] Aurélie EON, *op.cit.* page 78.

### *§2 – Le commandement « âme » de l'unité*

« *Plus que la supériorité matérielle ou numérique, c'est cet esprit, entretenu par le commandement qui amènera la victoire* »[285]. Cette citation, de Charles Ardant du Picq, est très parlante car elle inspire ce qui est soutenu dans cette section. Il ne suffit pas d'avoir des soldats en nombre, bien armés ou augmentés mais c'est l'esprit de corps, que le commandement entretient, qui mènera à la victoire. Le commandement devient alors l'âme de l'unité et un lien de confiance s'établit nécessairement. Ce lien de confiance incite le commandement à ne pas augmenter ses combattants qui placent leur confiance en lui et lui obéissent (A). Ce même lien de confiance, cette fois-ci éprouvé, permet aux familles de laisser partir leurs proches, en sachant qu'ils reviendront changés, certes, mais pas déshumanisés (B).

#### A. <u>Le lien de confiance nécessaire : combattant-commandement</u>

Un lien de confiance est absolument nécessaire entre le combattant et le commandement. C'est, en effet, de lui qu'émerge la relation d'obéissance entre le soldat et son supérieur (1). Cette relation est intéressante à creuser et à comprendre au cœur de l'augmentation du soldat, ce lien de confiance ne souhaitant pas être rompu (2).

##### *1. L'obéissance au sein de l'armée*

De la notion de confiance découle l'obéissance au commandement. Dans l'armée la notion d'obéissance fait référence à cette confiance du soldat dans le commandement. Pour le soldat, le commandement sait ce qu'il faut faire, comment agir et donc il peut se fier à sa parole. C'est le commandement qui donne l'ordre et donc un lien de confiance doit nécessairement se créer et il se crée. C'est ainsi que le Lieutenant Heluin dira « *j'ai une confiance absolue dans mon chef et mes*

---

[285] Charles ARDANT du PICQ, *Études sur le combat : combat antique et combat moderne, op.cit.*

*hommes* », juste avant de donner l'assaut du pont de Vrbanja[286]. L'engagement dans l'armée est alors un acte de confiance et la relation de confiance avec le commandement se crée assez naturellement. L'ordre, la hiérarchie et la discipline inspirent, assez naturellement, un sentiment de confiance. Une répétition se forme avec le passage en revue, le fait de vouvoyer et saluer un supérieur, et de cette répétition naissent le respect et l'obéissance qui ne vont pas sans la confiance.

« *En vertu de la discipline, une sorte de contrat est passé entre le chef et les subordonnés. Il est entendu que l'obéissance est due par ceux-ci à ceux-là et que chacun s'efforce de réaliser ce qui lui est hiérarchiquement prescrit. (...) Mais il ne suffit pas au chef de lier les exécutants par une obéissance impersonnelle. C'est dans leurs âmes qu'il lui faut imprimer sa marque vivante. Frapper les volontés, s'en saisir, les animer (...) par une suggestion morale qui dépasse le raisonnement, cristalliser autour de soi tout ce qu'il y a dans les âmes de foi, d'espoir, de dévouement latents, telle est cette domination* »[287]. La confiance du soldat envers le commandement est alors de deux ordres : une confiance dans l'ordre contractuel et une confiance qui naît du rayonnement, de l'aura du commandement[288].

De l'obéissance au commandement naît la confiance mais de la confiance naît également l'obéissance. Les deux sont, finalement, profondément liées et font parfaitement la paire au sein de l'armée. L'obéissance est même une vertu précieuse et

---

[286] Michel GOYA, *Sous le feu : la mort comme hypothèse de travail*, Tallandier, 2019. En mai 1991 la guerre en Yougoslavie est déclarée et ne s'achèvera qu'en 2001. Serbes, Croates et Bosniaques s'entretuent. Le 21 février 1992, le conseil de sécurité des Nations unies adopte à l'unanimité la résolution n°743 et l'envoi de forces sur place. Le 27 mai 1995, à 4 h du matin, les forces Serbes s'emparent du poste d'observation qui verrouille l'accès au pont de Vrbanja, un site stratégique du centre de Sarajevo, tenu par des Casques bleus français. À 7 h du matin, les soldats français reçoivent l'ordre de reprendre le poste. À 8 h 45, l'officier qui les commande leur ordonne de fixer les baïonnettes au bout de leurs armes. À 9 h 10, après un assaut qui fait deux morts côté français et quatre côté serbe, la position est reprise.

[287] Général de GAULLE, *Le Fil de l'Épée*, Plon, 1932, page 160.

[288] Olivia LEBOYER, « Le sentiment de confiance au sein de l'armée : tensions entre hiérarchie et égalité », *in* Implications philosophiques, 2014.

recherchée, c'est ainsi que le Général de Gaulle dira du Général Leclerc « *Il a obéi à tous mes ordres, même ceux que je n'avais pas formulés* ».

Le devoir d'obéissance va nécessairement avec une confiance forte qui s'est établie entre le combattant et son commandement. Lors de mission en OPEX, le soldat doit pouvoir faire confiance à son supérieur pour obéir aux ordres qui lui sont donnés. S'il n'y avait pas ce lien alors l'armée ne serait pas ordonnée et ne pourrait mener à bien les missions.

Ce lien de confiance fort, au sein de l'armée, unit le combattant et le commandement au sein d'une hiérarchie établie grâce au devoir d'obéissance du soldat, qui ne serait rien sans la confiance qu'il porte à son supérieur. La question qui se pose est celle relative à l'augmentation du soldat face à ce lien de confiance (2).

### 2. *Les augmentations face à ce lien de confiance*

Face à ce lien de confiance fort, et donc cette obéissance, se pose la question de l'augmentation du soldat. Tout d'abord, la désobéissance est sévèrement punie, « *le fait pour tout militaire ou toute personne embarquée de refuser d'obéir, ou, hors le cas de force majeure, de ne pas exécuter l'ordre reçu est puni d'un emprisonnement de deux ans* »[289] ou encore « *le fait pour tout militaire ou toute personne embarquée de refuser d'obéir lorsqu'il est commandé pour marcher contre l'ennemi, ou pour tout autre service ordonné par son chef en présence de l'ennemi ou d'une bande armée est puni de la réclusion criminelle à perpétuité* »[290].

Cependant, le soldat est en droit et a le devoir de désobéir lorsque l'ordre reçu est manifestement illégal[291], comme il est

289 Article L323-6 code de justice militaire.

290 Article L323-7 code de justice militaire.

291 Voir à ce propos les jurisprudences : Cour de cassation, 13 octobre 2004, n°03-81.763, dite Affaire des Paillotes. Le Préfet Bernard BONNET avait ordonné de brûler des paillotes car construites sans autorisation. Il est alors rappelé qu'un fonctionnaire qui exécute un ordre manifestement illégal engage sa propre responsabilité pénale. Et Cour de cassation, 30 septembre 2008, n°07-

exprimé dans l'instruction n° 201710, publié au Bulletin officiel n°45 des Armées de décembre 2005, le subordonné doit désormais « *refuser d'exécuter un ordre prescrivant d'accomplir un acte manifestement illégal* ». Tout porte à croire que le soldat refuserait une augmentation invasive qui lui paraîtrait illégale au vu, notamment, du principe de consentement libre et éclairé ou de l'information loyale, claire et appropriée. Maintenant, tout porte à croire, également, que le commandement ne souhaiterait pas rompre ce lien de confiance établi.

Finalement apparaît une sorte de pacte : le combattant fait confiance au commandement si ce dernier lui donne des ordres qui sont en accord, avec les valeurs pour lesquelles il s'est engagé. Le commandement devient un garde-fou face à l'augmentation du soldat et il semble bien que ce soit pour cela que le soldat, malgré un vide juridique certain, ne soit pas encore un mi-homme mi-robot.

Il y a une volonté profonde du commandement de conserver la confiance de ses soldats et de leur donner des ordres justes. De plus, l'article L.4122-1 du code de la défense dispose « *les militaires doivent obéissance aux ordres de leurs supérieurs et sont responsables de l'exécution des missions qui leur sont confiées. Toutefois, il ne peut leur être ordonné et ils ne peuvent accomplir des actes qui sont contraires aux lois, aux coutumes de la guerre et aux conventions internationales. La responsabilité propre des subordonnés ne dégage leurs supérieurs d'aucune de leurs responsabilités* ». Ainsi, le commandement demeure responsable des ordres donnés[292] et tout porte à croire qu'il ne souhaite ni ne donnera un ordre visant une augmentation – ou alors en veillant au principe de précaution – trop attaché à un lien de confiance bâti de longue date.

Ce lien de confiance qui lie profondément le combattant au commandement est la pierre angulaire de l'obéissance au sein de l'armée. Un deuxième lien de confiance, cette fois-ci éprouvé, est

---

82, 249, où des fonctionnaires ayant procédé à des écoutes illégales sur demande de l'Elysée ont commis une faute personnelle en obéissant à un ordre manifestement illégal.

[292] Exemple du Capitaine CARON, mort en 1957, accusé d'avoir été un tortionnaire et un criminel, notamment pour un ordre mal compris « descendez-le ». Voir : *L'honneur d'un Capitaine*, Pierre SCHOENDOERFFER, 1982.

celui des familles face au commandement. Le commandement porte sur lui le devoir de ramener les soldats chez eux (B).

### B. Le lien de confiance éprouvé : famille-commandement

Le Général Gilles Haberey l'exprimait, il y a 3 notions à avoir en tête : l'armée accueille le soldat, l'armée forme le soldat et finalement l'armée doit renvoyer le soldat chez lui. La formation du soldat, enseignée par le commandement, deviendra son moyen de survie. Un lien de confiance se crée alors entre la famille et le commandement. Il apparaît évident que le commandement ne souhaite pas perdre cette confiance des familles, en formant des soldats, au moyen d'augmentations invasives, qui pourraient s'avérer risquées lors du retour du soldat, auprès des siens. En effet, l'accueil et la formation du soldat relèvent de la mission du commandement (1), là où le retour du soldat relève de la responsabilité du commandement (2).

#### *1. L'accueil et la formation du soldat : une augmentation de l'Homme*

À partir du moment où le soldat s'engage dans l'armée, il est, pour ainsi dire, accueilli par elle. Par la suite, le soldat est formé, entraîné et devient un homme augmenté. Il n'est plus un « simple passant » dans la rue mais a acquis des savoir-faire et c'est comme cela qu'il deviendra un soldat. Le Contre-Amiral Pierre de Briançon a pu dire « *on le voit, dans le feu de l'action, les Hommes ont leur réflexe et les mettent en place. Ce n'est que comme cela qu'ils s'en sortent et mènent à bien la mission* »[293]. Ainsi, la formation permet aux soldats de se surpasser et d'acquérir réflexes et gestes appropriés, pour qu'ils soient prêts à être envoyés en mission.

Les soldats apprennent à être des Hommes augmentés, au moyen du maniement des armes, des entraînements sportifs, physiques et mentaux intenses et des équipements, comme le

[293] Contre-Amiral Pierre de BRIANÇON, « Comportements et prises de décisions sous le feu pour les opérationnels », Journée d'études : Neurosciences et monde militaire organisée par le CReC de Saint-Cyr et l'IRBA, le soldat augmenté, 31 mai 2023 (actes à paraître).

casque Topowl Digital display[294]. Ce casque est aussi appelé, viseur de casque, c'est-à-dire que le « *pilote augmente le contrôle de son arme [en pointant] quelque chose simplement en bougeant la tête, mais aussi [aligne] parfaitement la réalité augmentée (système de vision synthétique – SVS) et le paysage pour atteindre les besoins de performance de pilotage* »[295]. Autrement dit, le soldat fait corps avec son arme car c'est le mouvement de son œil qui va contrôler le viseur.

Le commandement va, alors, accueillir puis former les soldats pour qu'ils partent en mission et deviennent les défenseurs de la Nation. Ils sont alors préparés, leurs capacités sont optimisées, leurs entraînements les améliorent et enfin tout cela les augmente. Les familles, qui pour ainsi dire, confient leurs proches à l'armée, doivent nécessairement faire confiance au commandement qui veille à l'accueil et à la formation des futurs soldats. Un lien de confiance doit se créer et il se crée grâce à la formation, si les militaires sont entraînés alors leur départ sera plus serein pour les familles.

Maintenant, ce lien de confiance se verrait fragilisé si le soldat n'était plus entraîné et formé mais seulement augmenté au moyen d'augmentations invasives ou non invasives, autres que les entraînements et l'armement. Le commandement pourrait perdre la confiance des familles, si elles apprenaient que leur seule défense était un médicament ou alors une machine. Le sens premier de l'accueil et de la formation des soldats s'en verrait également fortement affecté. Les familles n'ayant que pour référent le commandement – qui lors d'un départ en OPEX peut être honnête en disant qu'il n'est pas certain que tout le monde rentrera – doivent avoir une confiance aveugle car c'est lui qui donnera les ordres et qui, par conséquent, portera la charge des soldats qui ne rentreront pas.

---

[294] Viseur de casque pour hélicoptère. Il affiche les données du vol, permet une vision de nuit et de jour à 180°, une représentation 3D du monde extérieur, connaissance de la situation du pilote grâce à un large champ de vision binoculaire de 40°, il y a une anticipation du pilotage facilitée par les nouvelles fonctionnalités de réalité augmentée et lors des phases d'atterrissage avec la symbologie BoWo (Brown Out – White Out) en cas d'environnement à vision dégradée, accès direct aux images des capteurs (Picture-in-Picture).

[295] Thalès, « *TopOwl, le viseur de casque pour hélicoptères* », *in* Thalès.

D'une certaine manière, l'augmentation pourrait rassurer mais finalement, en y regardant si la machine lâche, si le médicament ne fait plus effet, que reste-t-il ? L'Homme. Et l'Homme sans entraînement risque de mourir.

Après avoir accueilli et formé le soldat, il y a son départ en mission et ce qui est intéressant, au regard de la question portant sur le soldat augmenté, est le retour de ce soldat (2).

### *2. Le retour du soldat et le retour du soldat augmenté*

Le commandement veille également au retour des soldats. Le soldat n'est pas seulement un instrument pour être accueilli, être formé et faire la guerre, mais il y a aussi le retour à la vie civile, le retour dans les familles qui est très suivi. Le commandement, responsable des combattants, veille à cela. Défini par la directive de 2017[296], le soutien psychologique dans l'armée de terre repose sur trois principes d'action : la proximité (soutien dans les OPEX), la précocité (dès la survenue d'un choc ou dès que le besoin se fait ressentir), la permanence (avant, pendant et après). Depuis 2009, l'armée de Terre dispose d'une chaîne de soutien psychologique composée de psychologues, de conseillers facteurs humains auprès des régiments et de référents section, au plus près des soldats.

Ici encore, c'est le commandement qui met en place, si possible, un dispositif de fin de mission, « *le sas de fin de mission* »[297] et trois mois après le retour à la vie civile, le commandement organise un entretien, pour une discussion post-opérationnelle.

Le commandement suit de près le retour du soldat. En effet, les missions peuvent donner place à des traumatismes et c'est pourquoi le passage par le sas psychologique est le plus souvent obligatoire[298]. Il faut savoir que le militaire vit une succession

---

296 Directive relative au soutien psychologique dans l'armée de Terre n° 500486/ DEF/RH-AT/CP-EH/MEPS/NP du 12 janvier 2017.

297 CISPAT psychologue, "Le soutien psychologique dans l'armée de Terre au retour d'opération", *in* CNMSS, "Mieux vivre le déploiement pour le militaire et sa famille".

298 Jérémy BRUNO, « Le retour : l'indispensable base arrière », Etats d'armes, *in* cuej.info.

d'étapes avant d'arriver à l'état de stress post-traumatique chronique. Tout d'abord, il y a la réaction immédiate à l'événement ; deux jours après un état de stress aigu peut se développer ; un mois après se développe l'état de stress post-traumatique aigu ; enfin trois mois après, l'état de stress post-traumatique chronique[299]. L'idée est de développer le sas psychologique dès la réaction immédiate à l'événement, afin d'éviter le développement de ces différents états.

C'est « *la première guerre du Golfe [qui] a conduit à l'engagement de psychiatres militaires sur le terrain* »[300] et c'est « *le conflit en Afghanistan [qui] a conduit à porter une attention particulière aux conditions de retour du combattant avec la mise en place, en 2010, d'un temps de décompression et la nécessité d'une attention durable, non seulement au soldat mais aussi à son entourage* »[301]. Le Lieutenant-Colonel Yann Chauty expliquait le danger du stress sur le « *vieux militaire* » : « *le soldat aguerri est angoissé en permanence* »[302]. Ainsi, le retour du soldat n'est pas simple et la famille fait confiance au commandement pour cela.

La question qui se pose nécessairement est celle du retour du soldat augmenté. Deux situations sont à distinguer : le soldat dont l'augmentation est réversible et le soldat dont l'augmentation serait irréversible. Le Comité d'éthique de la Défense le précise, « *la logique de réversibilité doit être recherchée au maximum, lors de l'élaboration de chaque augmentation* »[303], c'est donc une logique qui doit être recherchée, cela sous-entend qu'elle ne sera pas forcément toujours appliquée. Mais alors qu'en est-il du retour du soldat augmenté au sein de sa famille ? N'y a-t-il pas un risque d'effets secondaires ou de dépendance pour les

---

[299] Ministère des armées, Service de santé des armées, « Dossier ESPT – Tout savoir sur l'ESPT », « L'évolution de la maladie ».

[300] Service de santé des armées, « Dossier ESPT – Tout savoir sur l'ESPT », *in* Ministère des Armées.

[301] *Ibid.*

[302] Lieutenant-Colonel Yann CHAUTY, « La gestion du stress en milieu hostile : exemple de la survie en mer dans le monde civil », journée d'études neurosciences et monde militaire, organisée par le CReC de Saint-Cyr et l'IRBA : le soldat augmenté, 31 mai 2023 (actes à paraître).

[303] Comité d'éthique de la Défense, « Avis portant sur le soldat augmenté », page 25, *op.cit.*

augmentations invasives réversibles, comme les médicaments ? N'y a-t-il pas un danger pour les augmentations irréversibles, comme le fait, pour les soldats, de devenir des êtres inhumains, décalés de la vie civile, familiale ou affective ? N'y a-t-il pas un dernier risque d'un soldat qui se verrait diminué sans son exosquelette ou ses substances qui lui permettent de tenir sans dormir ni manger durant de longs jours ? Les familles verraient le lien de confiance rompu entre elles et le commandement, qui leur ramènerait des soldats dénués d'humanité.

Le retour du soldat augmenté demeure une véritable question qui, pour l'heure, n'apporte pas de réponse mais des suppositions qui doivent entrer en ligne de compte dans le cadre juridique qu'il faut se fixer pour l'augmentation du soldat.

# CONCLUSION GÉNÉRALE

À la problématique, quel encadrement existe-t-il face à l'augmentation du soldat, deux idées phares sont apparues. Tout d'abord, il faut partir du constat que l'augmentation du soldat passe par une médicalisation de cette augmentation. Médicalisation qui permet une ouverture vers l'augmentation. Ensuite, il est nécessaire de constater que l'encadrement légal apparaît être dérisoire, ce qui a, finalement, permis de mettre en lumière l'encadrement coutumier du commandement militaire.

En ce qui concerne la médicalisation de l'augmentation du soldat, il y a une véritable remise en cause des principes juridiques établis, qui ne profite pas à la protection du soldat contre son augmentation. Cette médicalisation de l'augmentation du soldat ouvre la porte de l'augmentation du militaire. Désormais, l'atteinte portée à son corps semble justifiée par une véritable nécessité médico-militaire, aux dépens du consentement libre et éclairé du soldat. Le soldat, désireux de s'augmenter, peut être en mesure de le faire, à travers des augmentations disponibles dans le monde civil. Cette nouvelle nécessité et les possibilités s'offrant au soldat bouleversent le cadre légal en place en remettant en cause des principes établis. Dans ce flou juridique, une figure s'impose et va devoir s'imposer davantage. Cette figure est celle du médecin militaire qui voit son office profondément bouleversé.

D'abord, son rôle de sachant est mis à contribution de l'augmentation du soldat, là où son rôle de soignant est détrôné à la seconde place. Finalement, ce médecin militaire, qui combine le médecin et le militaire, tend à devenir, celui qui, en première ligne, présentera un veto éthique face à l'augmentation du soldat et ce, malgré la tentation qu'il pourrait, aussi, avoir d'augmenter ses patients.

En ce qui concerne l'encadrement juridique, il est impératif de constater qu'il y a un défaut certain de protection du soldat face à son augmentation. En effet, le droit national, comme la politique nationale de défense, sont ambivalents dans la protection du soldat. Ils semblent montrer les outils nécessaires à une protection effective du soldat face à son augmentation mais à bien y regarder, ils semblent, davantage, prendre le parti de l'impératif de protection de la Nation, et ce, au détriment du soldat. Du côté du droit international de la guerre, une absence de protection du soldat face à son augmentation est manifeste. Malgré un contenu manifestement protecteur, une impuissance du droit international face à la souveraineté des États en matière d'augmentation du soldat semble prendre le dessus.

Il aurait été possible de s'arrêter sur ce constat : le soldat n'emporte aucune protection face à son augmentation. Cependant, des filtres existent en la matière, car le soldat n'est pas encore un être hybride, fait de chair et de métal, un être dénué de sentiments ou encore un être ne ressentant plus les besoins vitaux humains. C'est alors que sont apparues deux autres formes de protection : le respect de la dignité humaine, qui inonde le droit français mais demeure faillible et le commandement militaire. C'est alors au sein même de ce commandement, qu'aujourd'hui le soldat est protégé contre son augmentation. Le commandement prenant la place de filtre protecteur du soldat face à son augmentation.

Il apparaît, manifestement, que le corpus juridique protégeant le soldat contre son augmentation semble faillible et incertain. Le Comité d'éthique de la défense[304], tout comme l'ancienne ministre des armées, Madame Florence Parly[305], ont pu écrire ou dire que la porte de l'augmentation n'est pas fermée et que, même si, pour l'heure, les augmentations invasives irréversibles ne sont pas à l'ordre du jour, il faut éviter « *tout risque de décrochage capacitaire de nos armées* ». Autrement dit, si les autres le font, alors pourquoi pas nous ? La France, de tradition judéo-chrétienne[306], est habitée de valeurs humaines et notamment du principe de dignité de l'Homme. C'est pourquoi elle a créé ce Comité d'éthique de la Défense, dès lors que la question de l'augmentation du soldat s'est posée. Le soldat est un Homme appartenant à l'espèce humaine et donc par essence digne, il ne

---

[304] Comité d'éthique de la Défense, « Avis sur le soldat augmenté », *op.cit.*

[305] Discours de Florence PARLY, ancienne ministre des Armées, introduisant la table-ronde « Ethique et soldat augmenté » au Digital Forum innovation défense, 4 décembre 2020, *op.cit.*

[306] Jean-Christian PETITFILS, *Histoire de la France*, Fayard, 2018.

peut subir une atteinte à son corps sans l'aval d'une institution traitant des questions éthiques que cela soulève.

Cependant, dans ce milieu militaire, bien particulier, dans cette fonction de soldat, bien particulière, l'éthique semble n'avoir que peu de place face à l'impératif de défense de la Nation. Comme le disait le Général Gilles Haberey, il paraît dès lors « *urgent de mettre en place un corpus juridique solide et strictement établi, autour de l'augmentation du soldat* »[307]. Sans lui, il paraît évident qu'un jour ou l'autre le soldat perdra jusqu'à son âme et deviendra machine. Dans cette hypothèse, digne de la RED TEAM, qu'en serait-il d'une guerre menée seulement par des drones tueurs ou des robots télécommandés à distance ? Ne faudrait-il pas, que cette fois-ci, le droit encadre en amont, plutôt qu'en réponse aux augmentations qui surviendraient ?

[307] Entretien avec le Général Gilles HABEREY.

# BIBLIOGRAPHIE

## I. Ouvrages

Charles ARDANT du PICQ, *Études sur le combat : combat antique et combat moderne*, Kessinger Publishing, 1880.

David CUMIN, *Manuel de droit de la guerre*, collection Paradigme – Masters 2ème édition, Bruylant, 2020.

Michel GOYA, *Sous le feu : la mort comme hypothèse de travail*, Tallandier, 2019.

Guénaël GUILLERME *et al.*, *Le soldat augmenté ?*, Inflexions civils et militaires : pouvoir dire, n°32, 2016.

Lukasz KAMIENSKI, *Les drogues et la guerre de l'Antiquité à nos jours*, Nouveau monde, 2017.

Téomé PASCAL, *France, Ô ma France*, Sydney Laurent, 2021.

Jean-Christian PETITFILS, *Histoire de la France*, Pluriel, 2018.

## II. Articles et avis

Sarah BADARI, Mémoire de recherche « Les enjeux juridiques du soldat augmenté, analyse comparée : France, Etats-Unis, Royaume-Uni », 2020.

Jean-Pierre BAËCHLE, Mémoire de recherche « Médecin militaire et soldat augmenté : un avatar d'une double loyauté », 9 septembre 2021.

Bernard BARRERA, « Besoins et perspectives de l'augmentation des capacités du combattant », Les cahiers de la Revue Défense Nationale, 2017.

Docteur Pierre BOURGOIS, « L'enjeu du soldat augmenté pour les puissances démocratiques, les Etats-Unis à l'heure du choix », IRSEM, étude n°82, juin 2021.

Renaud BOUVET, « Homme réparé, homme augmenté. Le droit de la santé à l'épreuve de l'évolution », 15ème colloque de la Maison archéologie ethnologie René Ginouvès – Museum national d'histoire naturelle, Paris, 13 décembre 2018.

Alexandre COHEN, Mémoire de recherche « La recherche médicale de défense », L'harmattan, février 2023.

Comité d'éthique de la Défense, « Avis portant sur le soldat augmenté », 2020.

Gérard de BOISBOISSEL, « Conscience artificielle et monde militaire », Forum de la pensée mili-terre, Note de recherche de Prospective, Centre de doctrine et d'enseignement du commandement.

Gérard de BOISBOISSEL et Jean-Michel le MASSON, « Le soldat augmenté : définitions », Comité d'études de la Défense Nationale, Revus Défense Nationale, n°hors-série, 2017.

Gérard de BOISBOISSEL et Jean-Michel le MASSON, « Le programme de recherche sur le soldat augmenté », Les cahiers de la Revue Défense Nationale, 2017.

Etat-Major des Armées, Instruction n°1700/DEF/DCSSA/PC/MA relative à la détermination et au contrôle de l'aptitude médicale à servir du personnel militaire du 31 juillet 2014, Bulletin officiel des armées, édition chronologique n° 51, 17 octobre 2014.

Vincent GUERIN, « Le "centaure américain" contre "l'intelligence hybride" chinoise. Le soldat augmenté au prisme de l'interface cerveau-machine », Forum de la pensée mili-terre, Note de recherche prospective, Centre de doctrine et d'enseignement du commandement, 2023.

Vincent GUÉRIN, « Le soldat augmenté : au-delà des limites », Défense et Sécurité Internationale, hors-série n°75, décembre 2020.

Jean-Christophe NOËL, « A la recherche du soldat augmenté, espoirs et illusions d'un concept prometteur », Laboratoire de recherche sur la Défense, IFRI, septembre 2020.

Monseigneur RAVEL, évêque aux Armées françaises, « Le rapport entre l'Armée et la Nation », compte-rendu de la conférence du 8 janvier 2014, poste 29.

## III. Sitographie

### 1) Articles en ligne

Axel AUGE *et al.* « Le soldat augmenté : regards croisés sur l'augmentation des performances du soldat ». Mis en ligne en décembre 2019, fondapol.org.

Axel AUGE et Gérard de BOISBOISSEL, « L'acceptabilité relative de l'augmentation technique des performances physico-cognitives du combattant. Enquête auprès des élèves-officiers et de leurs cadres aux écoles de Saint-Cyr Coëtquidan ». Mis en ligne dans Tétralogiques.

Marie BAUDRY de VAUX, « Sélection des principaux textes portant sur l'éthique ou la déontologie en France et dans le monde », Institut de Recherche pour le Développement, 2018. Mis en ligne en 2018, horizon.documentation.ird.fr.

Alain de BENOIST, « Bioéthique et dignité humaine : une notion fourre-tout », mis en ligne le 16 février 2014, bvoltaire.fr.

Christian BENOÎT, « Du corps dans le langage des militaires », Corps, 2014. Mis en ligne le 1 juin 2017, cairn.info.

Claudine BERGOIGNAN-ESPER, « Le consentement médical en droit français », Laennec, 2011. Mis en ligne le 1 janvier 2012, cairn.info.

Tanella BONI, « La dignité de la personne humaine : De l'intégrité du corps et de la lutte pour la reconnaissance », Diogène, 2006. Mis en ligne le 1 décembre 2007, cairn.info.

Yves BORDENAVE et Cécile PRIEUR, « Les cobayes de la guerre du Golfe », Le Monde. Mis en ligne le 18 décembre 2005 et modifié le 4 août 2007, lemonde.fr.

Caroline BRANDAO, « L'analyse des nouveaux systèmes d'armes robotisés sous le prisme de l'article 36 du Protocole additionnel I », Revue Défense Nationale, 2018. Mis en ligne le 10 mars 2021, cairn.info.

Christian BÜHLMANN, "Le concept d'asymétrie : plus-value pour comprendre les conflits modernes ?", Stratégique, 2012. Mis en ligne le 1 juillet 2015, cairn.info.

François CAILLETEAU, « Les militaires et les autres », Inflexions, 2017. Mis en ligne le 21 juin 2019, cairn.info.

Frédéric CANINI, « Ethique médicale et homme augmenté : quelques pistes de réflexion », Revue Défense Nationale, 2017. Mis en ligne le 10 mars 2021, cairn.info.

K. COCQUEMPOT *et al.* « Étude rétrospective de l'utilisation des substances modifiant la vigilance (caféine à libération prolongée et zolpidem) chez le personnel navigant de la base aérienne 172 de N'Djamena (Tchad) durant les cinq premiers mois de l'opération "Serval" ». Mis en ligne en octobre 2015, researchgate.net.

Département fédéral des affaires étrangères, « Interdiction et limitation de certaines armes ». Dernière mise à jour le 14 avril 2023, eda.admin.ch.

Direction de l'Agence de l'Innovation de Défense, « L'armée de Terre explore les possibilités de l'exosquelette », Agence de l'innovation. Mis en ligne le 16 avril 2021, Ministères des Armées.

Ronan DOARE, « Ordre légal, ordre illégal », Inflexions, 2013. Mis en ligne le 21 juin 2019, cairn.info.

Ronan DOARE, « La judiciarisation des activités militaires : quelles réponses ? », Inflexions, 2015. Mis en ligne le 21 juin 2019, cairn.info.

Benoît DURIEUX, « Obéissance, désobéissance militaires et démocratie », Pouvoirs, 2015. Mis en ligne le 4 décembre 2015, cairn.info.

Claude EVIN *et al.* « Les nouvelles formes de coopération entre professionnels de santé : les aspects juridiques ». Mis en ligne en octobre 2007, Haute Autorité de Santé.

Christelle FAMECHON-KOUDJIL, « Augustin Hamon : la psychologie du militaire professionnel », Les Champs de Mars, 2001. Mis en ligne le 31 août 2018, cairn.info.

Jean-Marie FAUGERE, « L'impact des nouvelles technologies sur la conception et la conduite des opérations », Inflexions, 2007. Mis en ligne le 21 juin 2019, cairn.info.

Danièle GANEM-CHABENET, « Qu'est-ce qu'une équipe de soins depuis la loi de santé et quelles sont les conséquences de cette définition sur la prise en charge des malades ? », EM services. Mis en ligne en 2017.

Docteur Damien GATINEL, « Comment peut-on avoir plus de 10/10ème d'acuité visuelle ? ». Mis à jour le 14 septembre 2013, gatinel.com.

Nicolas GERBAULT, « Focus sur le devoir d'information du médecin », village-justice.com.

Patrick GODART, "Militaires et médecins", Inflexions, 2009. Mis en ligne le 21 juin 2019, cairn.info.

MC David GRAS *et al.* « RETEX Caféine LP 300 mg », Service de santé des armées. Mis en ligne le 15 mars 2012, Soframas.

Stéphanie HENNETTE-VAUCHEZ, « Une *dignitas* humaine ? Vieilles outres, vin nouveau », Droits, 2008. Mis en ligne le 13 octobre 2015, cairn.info.

Marina JULIENNE, « Super-soldats : l'humain augmenté en temps de guerre ». Mis en ligne le 22 juin 2022, polytechnique-insights.com.

Antoine LAMBLIN *et al.* « Les enjeux éthiques des médecins militaires français déployés au Sahel (opération Barkhane) : une étude qualitative », Ethique médicale BMC. Mis en ligne le 19 novembre 2021, bmcmedethics.biomedcentral.com.

Olivia LEBOYER, « Le sentiment de confiance au sein de l'armée : tensions entre hiérarchie et égalité ». Mis en ligne le 11 juillet 2014, implications-philosophiques.org.

Adner NEYRET, « Évolutions de la relation médecin-patient à l'heure de la transition épidémiologique : comment s'y former ? », Hal open science, 2018, dumas.ccsd.cnrs.fr

Discours de Madame Florence PARLY, ancienne ministre des armées, sur l'armée et l'éthique, Paris le 4 décembre 2020, au Digital Forum Innovation Défense. Mis en ligne le 7 décembre 2020, vie-publique.fr

Arnaud PLANIOL, « Améliorer la résilience psychologique des combattants et de leurs familles ». Mis en ligne en novembre 2018, irsem.fr.

Eric POURCEL, « L'avenir du soldat est-il celui de l'homme augmenté ? », Revue Défense Nationale, 2018. Mis en ligne le 17 février 2020, cairn.info.

Anne RAINAUD, « Le devoir de désobéissance », Revue Lexosociété, 2022.

Revue militaire générale n°56, « Le soldat “augmenté” : quels enjeux pour l’armée de Terre ? ». Mis en ligne le 23 février 2021, penseemiliterre.fr.

Professeur R. SALOMON, « Rapport de L’enquête Française sur la guerre du Golfe et ses conséquences sur la santé », répondant à la lettre de mission du 6 juin 2001 adressée par le cabinet du ministre du Ministère de la Défense. Mis en ligne le 13 juillet 2004, inserm.fr.

Service de santé des armées, « Aptitude aux armées, aptitude militaire », dernière modification le 25 mai 2020, cliniquedelavision.com.

Philippe WODKA-GALLIEN, « La course aux armements : la dissuasion en filigrane », Les Champs de Mars, 2013. Mis en ligne le 1 janvier 2018, cairn.info.

### 2) Sites internet

Cairn : https://www.cairn.info/

Sénat : https://www.senat.fr/

Assemblée Nationale : https://www.assemblee-nationale.fr/

Village de la justice : https://www.village-justice.com/articles/index.php

Legifrance : https://www.legifrance.gouv.fr/

Vie publique : https://www.vie-publique.fr/

MDMH : https://www.mdmh-avocats.fr/

Revue inflexions : https://inflexions.net/

Revue de la Défense Nationale : https://www.defnat.com/revue-defense-nationale.php

Service de santé des armées : https://www.defense.gouv.fr/sante

Ministère des armées : https://www.defense.gouv.fr/

IRBA : https://irba.sante.defense.gouv.fr/

Conseil Constitutionnel : https://www.conseil-constitutionnel.fr/

Conseil d'État : https://www.conseil-etat.fr/

Recrutement armée : https://www.recrutementarmee.com/

Irsem : https://www.irsem.fr/

Dalloz : https://www.dalloz-actualite.fr/

CNMSS : https://www.cnmss.fr/

## IV. Colloque

Journée d'études Neurosciences et monde militaire organisée par le CReC de Saint-Cyr et l'IRBA, « Le soldat augmenté », mercredi 31 mai 2023, Paris – Ecole Militaire (actes à paraître).

## TABLE DES MATIÈRES

## Structures éditoriales du groupe L'Harmattan

**L'Harmattan Italie**
Via degli Artisti, 15
10124 Torino
harmattan.italia@gmail.com

**L'Harmattan Hongrie**
Kossuth l. u. 14-16.
1053 Budapest
harmattan@harmattan.hu

---

**L'Harmattan Sénégal**
10 VDN en face Mermoz
BP 45034 Dakar-Fann
senharmattan@gmail.com

**L'Harmattan Cameroun**
TSINGA/FECAFOOT
BP 11486 Yaoundé
inkoukam@gmail.com

**L'Harmattan Burkina Faso**
Achille Somé – tengnule@hotmail.fr

**L'Harmattan Guinée**
Almamya, rue KA 028 OKB Agency
BP 3470 Conakry
harmattanguinee@yahoo.fr

**L'Harmattan RDC**
185, avenue Nyangwe
Commune de Lingwala – Kinshasa
matangilamusadila@yahoo.fr

**L'Harmattan Congo**
219, avenue Nelson Mandela
BP 2874 Brazzaville
harmattan.congo@yahoo.fr

**L'Harmattan Mali**
ACI 2000 - Immeuble Mgr Jean Marie Cisse
Bureau 10
BP 145 Bamako-Mali
mali@harmattan.fr

**L'Harmattan Togo**
Djidjole – Lomé
Maison Amela
face EPP BATOME
ddamela@aol.com

**L'Harmattan Côte d'Ivoire**
Résidence Karl – Cité des Arts
Abidjan-Cocody
03 BP 1588 Abidjan
espace_harmattan.ci@hotmail.fr

---

## Nos librairies en France

**Librairie internationale**
16, rue des Écoles
75005 Paris
librairie.internationale@harmattan.fr
01 40 46 79 11
www.librairieharmattan.com

**Librairie des savoirs**
21, rue des Écoles
75005 Paris
librairie.sh@harmattan.fr
01 46 34 13 71
www.librairieharmattansh.com

**Librairie Le Lucernaire**
53, rue Notre-Dame-des-Champs
75006 Paris
librairie@lucernaire.fr
01 42 22 67 13

www.ingramcontent.com/pod-product-compliance
Lightning Source LLC
LaVergne TN
LVHW010931061026
849535LV00007B/2346